俳句の背骨

島田牙城

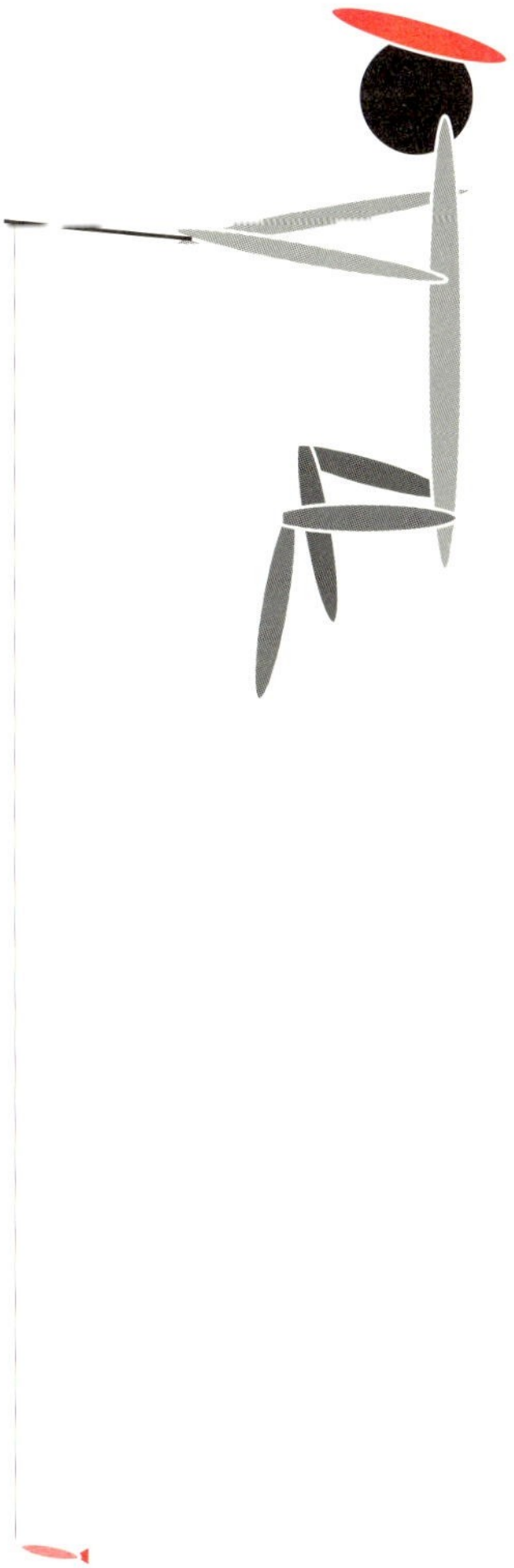

邑書林

俳句の背骨＊目次

俳句の背骨

著者自装

講演録

芭蕉と現代俳句

阿部完市は芭蕉の繼承者であるといふ事

こんにちは。ようこそお集まり下さいました。俳人を肩書としてをります島田牙城と申します。

佐久に住んでをりまして、佐久市からのこのこやつてきたと申し上げたいところなのですが、今日は、佐久市の北隣にある小諸市から來ました。俳人を標榜してをりますと、よくやまひだれの「廢人」（實はチョンチョンがなくつて、「まだれ」なんです。まあそれはいいとして）と間違はれるといふか、一度はさういふ冗談を飛ばされたといふ經驗をどなたもお持ちだと思ひますが、私、本當にやまひだれの廢人になつてしまひましてね。今日は「國立小諸高原病院」といふ精神病院からやつてまゐりました。精神病院から驅けつけて講演する者、すなはち癡れ者ですね、こんな珍しいことに皆さんは今日遭遇してをられる。さうさうあることではありません。千載一遇のチャンス、大切にして下さいね。

精神科の醫者で俳人といふ人を、僕は二人思ひ出します。

狂院の蟬の樹下わが塚めきて

狂ひても母乳は白し蜂光る

これを詠んだのは平畑靜塔さん。宇都宮病院に長く勤務してをられました。二句目の「狂ひても」は病院の庭に句碑として建つてゐると聞いてゐましてね、病院に足を踏み入れた途端「犴ひても」なんて言はれたら、患者もさうですけれど、付き添ひや面會の人も「どきり」とするでせうねえ。他に心を癒やせる句はなかつたのだらうかと、センスを疑つてしまふのですが、精神病院イコール狂院といふ時代だつたのでせうね。

靜塔さんは、戰後、山口誓子さんを擔いで「天狼」を創刊したお一人です。晩年、「俳人格」といふ言葉で俳人の在り方を說かれました。

もうお一人すぐに思ひ出すのが阿部完市さんですね。通稱、アベカンさん。

たとえば一位の木のいちいとは風に揺られる
ローソクもってみんなはなれてゆきむほん
木にのぼりあざやかあざやかアフリカなど

といふ、獨特のアベカン節で、まさに一世を風靡した方です。

俳句といふのは、正岡子規以來、さまざまな考へ方が注入されまして、自分には作れないやうな俳句の世界も多岐にわたつて廣がつてゐます。今や何でもありの時代です。卽ち、僕が作つてゐるやうな俳句だけが俳句なのではないのと同じやうに、皆さんが信じて作つてをられる俳句もまた、それだけが俳句なのではないんですね。他者の俳句、僕は大つ嫌ひな言葉なんですけれど、「流派」、この流派とやら譯のわからないものを超えて、ぜひ、さまざまな人の俳句を讀んで頂きたいと思ひます。

例へばこのアベカンさん、この方からは俳句の音感、リズムの自在さと心の置き所の自由さを感じて頂きたいですね。

芭蕉さんの俳論は弟子たちがまとめたものとして殘つてゐるのですが、服部土芳がまとめた『三冊子』、「白」「赤」「黑」の三冊からなるのでさう呼ばれてゐるのですけれど、始めの「しろさうし」の書き出し、みなさん、ご存知ですか。

俳諧は哥なり。哥は天地開闢の時より有。

といふのです。この「哥《うた》」といふのは「歌」の古字だと言はれてゐます。同じ意味です（旁にくっついてゐる「欠」は、「欠ける」ではありません。ややこしいのですが、欠けるの「欠」といふのは「缺」が正字なんですね。それを今は「欠」で代用してゐるだけなんです。で、元々「欠」といふ字は、大きな口を開けるといふ意味の漢字だつたんです。ああ、つて思ひ出される方が何人かをられると思ひますが「あくび」、これ漢字で書くと「欠伸」ですけれど、大きな口を開けて伸びてをる、といふね、まさに正しい「欠」の使ひ方なんです。これを「缺伸」とは書かないんです。ですから、大きな口で歌ふことが「哥」に「欠」を付けた「歌」といふ漢字であるといふことになります。ちなみに「哥」といふのは、いい言葉といふ意味を持つ「可」を重ねて出來てゐます。いい言葉の二倍、二乘ですから、すごくいい言葉、といふ意味になりませうか）。で、「俳諧は哥なんだよ」といふところから「しろさうし」が始まるといふのは、すごく大切なことだと思ひます。歌なんですから、リズムが重要なポイントとなることは、言ふまでもありません。そこへ、右のやうなリズミカルな俳句を作るアベカンさんが昭和後期に登場してくるのです。もうここに、現代俳句と芭蕉さんの關係といふのは明らかですね。その一つの例としてのアベカン節、あと三句讀みませう。どうぞ、皆さんも聲を出して讀んでみて下さい。

栃木にいろいろ雨のたましいもいたり

精神はぽっぺんは言うぞぽっぺん

静かなうしろ紙の木紙の木の林

いかがですか。普通の俳句には有り得ないリズム感がある。少し粘り氣がありながら流れるやうなリズム。二句目の「ぽっぺん」は、下の「言うぞぽっぺん」といふところに力を入れて讀むと、作品が喜んでくれると思ひます。この音感を様々な俳人が意識したんですよ。いや、亡くなりましたけれど、今もアベカンを讀みたいといふ俳人は多い。だから、昭和の俳句を語る時、アベカンさんを抜いては語れないんです。アベカンさんに觸れてゐない昭和俳句史なんてのは、それだけでまがひ物です。大切な俳人です。そして、アベカンさんは「俳諧は哥なり」といふ芭蕉さんの言葉を實踐してゐるんですね。それなのに、前衛派とか言はれて、傳統的な俳句を作る多くの人には敬遠されてしまふ。なぜでせうね。明らかに芭蕉さんの後繼者の一人なんですけれどねえ。

けふは姨捨での講演ですけれど、信州つて、藤田湘子さんの系統の方、多いですね。本籍の「鷹」、今は小川軽舟さんが繼承なさつてゐますが、「鷹」は勿論、今や現代俳句協會の會長でいらつしやる宮坂静生さんの「岳」に、松本深志高校から信州大學に學ばれた、前の編集長・小澤實さん率ゐる「澤」の同人會員も多いですね。

アベカンさんは所屬は「海程」といふ金子兜太さんのところだつたのですけれど、湘子さんの相棒・飯島晴子さんの親友なんです。二人で雜誌を出したりもなさつてゐたはずです。俳壇の人たちは「言葉派」といふやうな呼び方をされてゐたと覺えてゐますが、飯島晴子さんのファンも信州には多いのではないでせうか。その方々は、アベカンさんの俳句を讀まなくてはダメですよ。昭和俳句史もさうですけれど、アベカンさんを知らずして飯島晴子は語れない、さういふ存在の方です。

そのアベカンさん、浦和精神サナトリウムの院長さんでした。よく、精神科の醫者は醫者自身が精神を病んでゐるなんて冗談で言ひますね。私の主治醫もすごく癖の強い人で、すぐに怒るんです。前院長で今は囑託なのかな、なもんですから暇なんですね。で、僕なんか問診と稱して一回三時間も先生の話し相手をさせられてますけれど、始めはおつかなかつた。話をしてゐる途中に突然カルテを大音響でバン、いや、パーーンと、ホールぢゆうに響く音で閉ぢて、「君は何も分かつてゐない」つて大聲張り上げて、叫んで、ナースステーションへ歸つて行つてしまつたことがありました。

僕には「パーソナリティ障礙（疑）」譯せば「人格障礙」（現在この譯語は醫學界では使はれてゐないらしい）といふ症名が附隨してをるのですが、この先生にこそパーソナリティ障碍といふ症名を與へて差し上げたいとすら思つたものです。まあ、「人格障礙」なんてのは、百人が百人ある程度は持つてゐるものです。俳句なんてのに現を拔かしてゐるつてことからして、もう人格障礙ですな。一錢にもならんことに入れ込んでゐるのですから。（主治醫に確認したのですが、醫學的には全人口の十五パーセントがパーソナリティ障礙者ださうです。人に迷惑を掛ける人、自分自身へ迷惑を掛ける人という大雜把な定義があるらしいのですが、今日は俳句で奥さんやご主人に迷惑掛けてる人の集まりですから）。

犬猫の「氣」に習ふといふ事

で、アベカンさんですが、やつぱり變な人で、ＬＳＤ25といふ幻覺劑、今では麻薬指定されてゐる物質を自分で飲んでしまふ。醫者ですから藥なんていくらでも自由に手に入る。いや、アベカンさんは、昭和三十年代前半に、本人曰く「實驗精神病」と稱した實驗としてやつたやうです。まだ麻藥指定される前の話です。で、實驗ですから醫者と看護婦が見守つたさうです。一應見守らせたのかも知れませんが、良く言へば、己がどのやうな症狀を發症するのかを正常な人に記錄させておきたかつたといふ科學者の目はあつたのでせう。惡く言へば、自分がどうなつてしまふのか、恐かつた、おつかなかつた。暴れたり、場合によつては自殺行動に出るかもしれない、それを抑へてくれる人も欲しかつたのでせう。力のある男性看護士も付き添うたやうです。

そして、自分の意識がどう變はり、そんな麻藥中毒の狀態でどんな俳句が書けるのかを試すんです。碌な句できやしないと思ふでせう。でもね、字は讀めるやうなものではなく、ぐちやぐちやだつたさうですが、俳句は意外と面白いんです。

私 の 時 間 の 鳥 が 飛 べ ず に い る

生 き た 銀 天 国 へ 行 け ぬ の に 逃 げ る

ひ ら 仮 名 の 化 身 う ち 倒 さ れ て 居 り

といふやうな句たちです。先に六句引用しましたので、それらと比べてご覽下さい。意味は採りにくいし、言はれてみれば精神錯亂者の句とも思へるでせうが、言はれなければ、シュールな現代俳句。アベカン節健在ですよね。

自動書記とでもいふか、自意識の外で書かれる俳句といふことを經驗してみたくなつたのでせうね。無意識に書かれる俳句とはどういふものなのか、といふことをされたのだと思つてをります。

ここ重要で、アベカンさんは波多野爽波といふ俳人にすごく興味があつたんです。爽波さんといふの

は、晩年、

チューリップはなびら外れかけてをり

磯巾著に問ひかけてみたきこと

だから褞袍は嫌よ家ぢゆうをぶらぶら

なんていふ變な句を作る人なんですが、高濱虛子直系です。この人が俳句天惠說といふことを言ふ。俳句とは、自分が作り上げるものなのではなくて、天からの授かりものなんですよ、とね。それに飛びついたといふ譯ではないのですが、アベカンさんは、自意識をＬＳＤの力を借りて飛ばしてしまつて、天からの授かり物を得ようとする。やつぱり變な精神科醫だとしか言へませんが、このアベカンさんはその後十五年もしてからでせうか、先ほど名前を出しましたけれど、友人の飯島晴子さんに賴み込んで湖北、琵琶湖まで波多野爽波に會ひに行つてゐます。俳人の交流といふのは面白いですね。前衛系異端兒であるアベカンさんと、傳統系異端兒である爽波さんといふカップル誕生の瞬間です。ま、男同士ですけれどね。そして、仲人が女性の飯島晴子さんであつたといふことです。

ここ、今日の大きなテーマになつてくると思ひます。

人間て進化して進歩したとみなさん思つてをられるかも知れませんが、進化して退歩したことのはうが多いと思ひます。例えば簡單な話、からだぢゆうから毛が拔けてしまつたために、服を着なくてはいけなくなつた、これだつて退歩ですよ。着るのはまあいいけれど、洗濯なんて面倒なことまでやらなくてはならなくなつた。僕、病院では自分のものを自分で洗つてますから、その大變さがよく解るんです。それが分かつただけでも、入院した甲斐があつたといふものです。

で、さうさう、大切な話。芭蕉さんがね、

物の見へ《ママ》たるひかり、いまだ心にきえざる中《うち》にいひとむべし

つて言つてゐますわな。誰でも知つてゐる芭蕉さんの言葉です。『三册子』にあります。この「物の見へたるひかり」つてのは何だいつてことが、俳句作りにはすごく大切なんです。僕なんかは「主客合一」なんていふ判つたやうな判らんやうな言葉を使ふんだけれど、芭蕉さんは「氣」で作れといひ、「虛實皮膜」だといふ。

僕たち、よく主觀俳句とか客觀俳句とかつて言葉を使ふでせう。あれ、兩方とも駄目ですからね。主客が混沌として一つになる瞬間、それが俳句の生まれる一瞬なんです。それはね、芭蕉さんの時代であらうが、子規さんの時代であらうが、そしてアベカンさんや爽波さんの時代であらうが、もひとつ、今日二千十四年十月十一日であらうが、變はらんのです。だつて、先ほど引用したやうに、俳句つてのは「天地開闢の時より有」る「哥」なんですから。そこのところは變はりやうがないんです。

例へばアベカンさんがこんなことを書いてゐます。

あさがほに我は食《めし》くふをとこ哉　芭蕉

北京昼月鵲のゆくところかな　完市

の二句をならべてね、

そのイメージは一枚の絵、像を形成するよりもさらに速やかに、一瞬にして一定の何ものか《エトワス》を直感せしめる。

（「音韻論」、『絶対本質の俳句論』千九百九十七年、邑書林）

角を隠すことを知らない頭のいい人つて、僕嫌ひなんです。「エトワス」なんていはれても解かりま

せんよね。それを「詩」といふ人もゐるでせうし、「神」なんていひだしたら新興宗教の教祖になつてしまふし、もやもやつと心に訴へる「言葉からのテレパシー」みたいなもんやと思つておいて下さい。言葉では説明の付かないものなもんですから、アベカンさんも「何ものか」と言うてをられる、さういふものです。

皆さん句會の經驗があると思ひますけれど、鑑賞を言はされるじやないですか。僕も明日句會でいつぱい鑑賞しなくてはいかんのですが、鑑賞云々より先にある、あつ、この句いいなあといふ感じ、そこが本當は一番大切なんです。その感じをアベカンさんは「何ものか」「エトワス」と言つてをられるんだと、さうおもふと解り易いかもしれませんね。

作者と讀者といふのは、このエトワスとかいふ「何ものか」得體のしれないもので繋がるんです。作る側としての「物の見へたるひかり」と、讀む側の「何ものか」は、同じだと思へばいいんです。

犬猫はね、年がら年中「物の見へたるひかり」を見てゐます。五感全部を研ぎ澄ましてその「ひかり」「何ものか《エトワス》」を感じてゐるんです。でないと生きてゆけない。面白いものを見つけたらすぐに飛びつくし、危險を察知したらさつと身をかはす、前後左右、四方八方十方へ常に、寝てゐる時まで氣を張つてゐるから出來る技、この、犬猫の持つてゐる「氣」と、芭蕉さんが言ふところの「氣で俳句を作れ」といふ「氣」は同じです。

でも、殘念ながら人間は手が抜けただけではなしに、犬猫よりも五感が退歩してしまつてゐますから、氣を得られる人と得られない人、差が生まれてしまふ。だから「氣を養へ」と芭蕉さんは言ふのですが、その努力が、犬猫には必要のない努力が、俳人には必要になつてくるんです。

それを芭蕉さんは犬猫と言はずに「三尺の童」と言つた。芭蕉さんの大切な言葉を引用しておきますね。みんな「三尺の童にさせよ」といふ抽象的な言葉は覺えてゐるのに、また、その直前に出てくる「松の事は松に習へ、竹の事は竹に習へ」といふ抽象的な言葉は覺えてゐるのに、實作者としてもつと大切な次の二行を讀んでゐないんですよ。

たとへ物あらはに云出ても、そのものより自然に出る情にあらざれば、物と我二ッになりて其情誠にいたらず。

簡單に言へば、上手に物を描けてゐたとしても、その物から出てゐる氣（これがアベカンさんの言ふエトワスですけれど）が句に表はれてゐなければ、本物の俳句ではないぞつてことです。で、なぜかと言ふと、それは、「物と我が二つに分かれてゐるからだ」といつてゐる。この、物と我が一つになつてこそ、本物のいい俳句が生まれるんだよと。それが氣なんですね。で、その「氣」は、大人よりも、九十センチほどに成長した程度の子供のはうが感じやすからうといふのが「三尺の童」といふ言葉になる。

そしてね、この「物あらはに云出ても、そのものより自然に出る情にあらざ」る句をつくることを「巧者の病」だと言ひ、「氣を養ふ」ことを說いてゐるんです。小手先で上手にまとめる俳人はいつぱいゐるけれど、本當の意味でいい俳句を書ける人は少ないね、といふことです。僕も含めてね、當てはまる人ばつかりだと思ひますよ。だから、ときどき芭蕉さんのかういふ文章を讀んで、「氣養ひ」をせんとだめなんです。

神に近付いた俳人たちの事

ところで、平畑静塔さんやアベカンさんはいいですよ。社會的には尊敬されるお醫者様ですもの。

私は逆ですからね。患者。入院當初四日間は鐵柵部屋でした。ドアにも鍵を掛けられました。座敷牢かと思ひましたね。トイレに扉もないんです。のぞき窗から見たら、うんちしてゐるところも丸見えです。ベッドすらない。床にマットが延べてあるだけです。入つた瞬間、簡單な説明を受けて、鍵を掛けられたときは、みじめでしたねえ。

座敷牢といひましたが、「牢」つて面白い字ですね。皆さん、悪人を閉ぢ込めておく場所だとお思ひかもしれませんが、中國の文字、漢字つていふのは表意文字ですから、意味をそのまま表はすんです。そこで、「牢」といふ字をよくご覽頂きたいのですが、これ、ウ冠の中に牛がゐるんですよ。先ほどの犬猫と同じ、生まれながらにして氣の中に生きてゐる獸ですね。それがゐる。ウ冠といふのは家を表はしてゐます。そこに牛がゐる。家畜小屋ですよ。牢に入れられる者は家畜扱ひだといふことですけれど、辭書に救はれましてね、この牛、漢和辭典によると、單なる牛ではないんです。生贄のこと、すなはち神に捧げられる者、そんな畏れ多い者を飼ふ場が「牢」といふ字らしいのです。卽ち、牢の中の者つていふのは、神に近くゐますから、それが人間であつても氣を直接感じやすい。だから、僕の句帖には今、いい句がいつぱいならんでゐるものと思はれます。

かういふ俳人は滅多やたらとゐるものではありません。

杉田久女といふ俳人はご存知だと思ひます。

花 衣 ぬ ぐ や ま つ は る 紐 い ろ い ろ

われにつきゐしサタン離れぬ曼珠沙華

足袋つぐやノラともならず教師妻

といふやうな句を作つた人で、虚子戀が激しすぎて「ホトトギス」を除名されてますね。いや、眞實はわからないのですが、さう言はれてゐる。この人は除名されてからも「ホトトギス」へ投句を續けたらしいですね。そして精神に異常をきたす。昭和二十一年一月二十一日に福岡縣立筑紫保養院といふところで亡くなつてますが、ここが、精神科の單科病院でした。

あ、一つ話しておきますと、《足袋つぐやノラともならず教師妻》の「ノラ」ですけれど、畑仕事の「野良」だといふ說がまことしやかに流布されてゐるやうですけれど、有り得ないですね。片假名で書かれてゐます。これは當然イプセンの「人形の家」の主人公ノラでないと、話が面白くない。「人形の家」のノラは、借金の話とかの途中のエピソードはいいとして、最後家を出るんですよ。夫から受ける愛に疑問を抱いて家を出る。しかし久女は家を捨てないんです。そして夫の足袋の綻びを繕つてゐる。さういふ句です。さういふ夫婦關係つて、結構あるんではないですか。疑問を感じながらも既成の事實として家庭を守つてゐる。今日お集まりの皆樣には當てはまらないとしてもね。

この久女さんから數へて六十八年ぶりに俳人の精神病院入院が實現したといふことになりませうか。もう一人、座敷牢ならぬ精神病院で一年間暮らした人に原石鼎がゐます。

頂上や殊に野菊の吹かれ居り

秋風や模樣の違ふ皿二つ

元旦の元旦やこれ元旦旦

この最後の句は知られてゐないと思ひます。精神病院退院直後の句です。遊んでゐるのか、神がかつてゐるのか。無邪氣な句だなと思ひます。入院してゐたのは昭和十五年から十六年です。石鼎さんは退院直後氣持がまだまだ高揚してゐたのでせう。「碧瑠璃・玲如春　原石鼎」なんていふ稱號のやうなものを名前の上に付けるんです。「ALL. ALL. THE GREAT QUEEN RAND. SEKITEI. HARRAH.」といふ「世界名」を持つてをる「世界蜜聲の只一人として認定せられ居る」なんて書いてゐます。面白いエピソードは山ほどある。でもね、今は話しません。

なぜ話さないかと言ひますとね、私、邑書林という出版社をやつてましてね、本屋なんですが、今、岩淵喜代子さんの書かれたものを本にしてゐるんです。この方、石鼎の興した「鹿火屋」といふ雑誌の同人だつた人なんです。石鼎とは直接はお會ひになつてゐませんが、奥様の「鹿火屋」二代目主宰・原コウ子さん、その養子の三代目原裕さんのお弟子さんです。で、作つてゐる本のタイトルが『二册の「鹿火屋」――原石鼎の憧憬』つていふの。この『二册の「鹿火屋」』の意味なんですけれど、今二號だけ見付かつてゐるんですが、昭和十六年十月號と昭和十七年一月號、この二號について、一般に配布したのとは別の、石鼎にだけ讀ませるための「鹿火屋」が作られてゐるんです。

岩淵さんはお弟子筋でもあるからはつきりは言はないで、精神的高揚から執筆意欲旺盛だつた石鼎の書いたものを掲載する爲に一册作つたといふのですが、「世界蜜聲の只一人」とか書いて癡れてゐる石鼎の文章や俳句を一般に見せるには忍びないといふ、當時の編集部の苦肉の策ですね。

さういふ癡れた時代の石鼎さん、すなわち「牢」に入つた、神の生贄となつた石鼎用の「鹿火屋」の話の本を、同じく「牢」、神の生贄の住む場としての精神病院で、僕は編集し、校正してをるのです。

もう、運命としかいいやうがない。ジャ、ジャ、ジャ、ジャーン……です、この偶然は。いや、必然に近い偶然を感じる。「俳」つて、かういふ偶然を與へてくれるものなのだなあ、とね。芭蕉さんが、

卯の花のたえ間たゝかん闇の門《ド》　去来

といふ句について、「よのつねならず」と言うてをるのですが、この石鼎さんと牙城の出會ひといふ現實もまた、「よのつねなら」ぬ「闇の門」を叩いてゐるやうな、そんな不思議な縁を感じてゐるんです。あと一週間で本になるやうです。『二冊の「鹿火屋」――原石鼎の憧憬』、是非お求め頂きたいと、お願ひをしておきます。

さて、「芭蕉さんと現代俳句」について話しに來たんで、僕の事はこれくらゐにしておきます。ここまでが僕の自己紹介。ここからが本編なんですが、あと何分殘つてます？

神様になつた芭蕉さんと子規さんの對應の事

芭蕉さんて、僕は親しげに呼ばせて頂いてをりますけれど、芭蕉さんのこと、氣安く呼んでは罰が當たりますから、氣を付けて下さいね。今でも深川に芭蕉稲荷神社といふ神社があります。神社に芭蕉さんは祀られてゐるんですよ。芭蕉さんは神様なんです。先ほど石鼎さんが自分で「碧瑠璃・玲如春　原石鼎」といふ神のやうな稱號を自らに與へたといふ話をしました。でもこれは、癡れた石鼎さん自らが自らに與へた稱號でしたね。だから牢に入つた生贄の側でしたが、芭蕉さんは違ひますからね。言うてみれば菅原道眞みたいなものです。實在の人物であつた道眞をお祀りしてゐるのが北野天満宮ですけれど、それと同じ。實在の人物であつた松尾芭蕉を後の人が神様として崇めてゐるのです。

先づは歿後百年に神の稱號、神號といふらしいのですが、

桃青靈神

といふ神様になります。そして五十年後、百五十年祭の時に、

花之本大明神

という神様になるんです。いや、僕、詳しくないので、靈神と大明神とどちらがどうなのかつて、知りませんけれど、亡くなつてから坊さんに付けてもらふ諱《いみな》にしても、文字數の多いはうがお金高いらしいですね。まあ、宗派にもよるのでせうが。

芭蕉さんも、四字から六字、そして「桃青」なんていふ本人の別號から「花之本」へ、そのうへ「明神」ではなく「大」明神様ですから、五十年で神様の世界で出世なさつたとみるのが妥當でありませう。

でもね、この花之本大明神様、殘念ながら祠が無かつたのです。神社がない。芭蕉さんの弟子筋なりなんなり、我こそはと思ふ宗匠たちがただ、そう呼んでゐただけなんです。

そこに現はれたのが三森幹雄といふ宗匠であります。べベン、ベンベン、なんて、講談士ならやるのでせうが、ま、僕は普通にお話しますね。

さてさて、この三森幹雄なる男、春秋庵を名乗る俳諧宗匠にして人望熱く、明治初期、國を開明いたしたる當時の明治新政府の設けし國民教化職「俳諧教導職」となりましてございます――。

おつと、普通に喋りますね。この「俳諧教導職」つてすごいですよね。れつきとした國家公務員ですから。で、俳諧を國民に廣めるのがお仕事だと思ふでせう。違ふんです。俳諧を利用して國民へ道徳教育をする、といふのが仕事なんです。

父母の頻りに戀し雉子の聲　　芭蕉

といふ句について、この幹雄さん「孝は百行の源なるを知るべし」なんていふ道德訓を垂れるわけですよ。雉ですらさうなんだから、君たち學生らよ、しつかり親孝行しなさい、といふ譯です。

この春秋庵幹雄のエピソードについては、愛媛大學の青木亮人《まこと》さんという研究者の『その眼、俳人につき』（二千十三年、邑書林）といふ本に詳しく出てをりますので、お歸りの際にどうぞお求め下さい。ですから僕の話も受け賣りと言ふことになりますが、その本によると芭蕉さん、江戸期から道德書によく引用されてゐたさうです。

旅人とわが名呼れん初しぐれ　　芭蕉
此秋は何ヽでとしよる雲に鳥
此道や行人なしに秋の暮
野ざらしを心に風のしむ身かな
秋深き隣は何をする人ぞ

などなど、言はれてみれば、道德に使へさうな句、芭蕉さんには多いですねえ。

で、神樣芭蕉、花之本大明神ですけれど、明治二十六年十月十九日、大明神に格上げされてから五十年、二百年祭のその日（實は亡くなつたのは十二日、現行暦でゆくと明日ですけれど、陰暦では今年は十一月三日になります。今年は閏九月が入つて十三か月ある年なんですね。だから芭蕉忌が十一月までずれ込んでゐます。で、なぜこの明治二十六年には十月十九日にやつたのか、そこは調べきれてないのですが）、この日二百年祭が行はれたのが、東京市深川區冬木町十番地に建立なつた芭蕉神社だつたさうです。

そして、この建立に奔走したのが春秋庵、三森幹雄さんでして、俳諧愛好家などへ千圓を目標に募集したところへ、千六百圓集まつたとある文獻には載つてをりました。貨幣價値は明治二十六年から今年、二千二百二十九倍ださうでして、今の價値に計算しますと、三億五千六百六十四萬圓になるさうです。二億圓餘り集めようとしたら、三億五千萬集まつたよと、僕ら庶民とは桁が違ひますな。僕なんか、三千五百圓使ひたいなと思うても、二千圓でぐつと我慢してゐる口ですから。

今も芭蕉稲荷神社といふのがあるやうですが、それとは別です。この幹雄さんの立てたお社は殘念ながらすでに跡形もないさうですが、應募資金が潤澤、立派なものだつたのでせう。

そして、これに怒つたのが當時「獺祭書屋俳話」を新聞「日本」に連載し始めてをつた正岡子規さんです。子規さん、當時滿二十六歳、血氣盛んでありました。

子規さんは芭蕉さんの俳句はほとんど駄句であるとまで言ひ切つて、

芭蕉忌や芭蕉に媚びる人いやし　子規

といふ句も作つたりしてゐるものですから、「子規は芭蕉嫌ひだつたんだ」と思はれがちですが、さうじやないんです。芭蕉さんを俳人として眞つ當に評價しろよ、と怒つてゐるだけなんです。俳句は文學であつて、道德でも宗教でもないと宣言し、舊派月並宗匠たちを懲らしめるために、敢へて芭蕉さんを利用したんだといつてもいいのではないかと思ひます。その證據が、例えばこの一文。タイトルは「芭蕉翁の一驚」といふのですが、「二百年忌をヤレ廟を建つるのソレ碑を建つるのと騷ぎまはり」と當時の俳壇の様子を揶揄した最後に、芭蕉さん本人にこんなことを言はせてゐるんです。

近頃拙者名義を以て廟又は石碑坏を建立する由言ひふらし諸國の俳人にねだり金錢を寄附せしむる

者有之由聞き及び候得共右は一切拙者に關係無之候得者左樣御承知被下度此段及廣告候也

大日本明治二十六年　年　月　　　　　　　　　　　　松尾桃青　白

これは芭蕉さんみづからが新聞に出した廣告ださうでして、廣告の載つた新聞は、子規さんによると「冥土日報」第十萬億號ださうです。實在してゐるやうですので、皆様もあちらへ行かれたら冥土圖書館かどこかでご確認下さいね。二號活字とまで活字の大きさも子規さんによつて示されてゐます。二號活字といふのは、見出しなとに使ふさうたう大きな活字です。

これは芭蕉さんを褒めてゐるといふよりも時代の風潮、神樣芭蕉を道德として讀んでゐた舊派をやりこめてゐるのですけれど、子規さんの芭蕉嫌ひの理由としてよく引用されるのが、

芭蕉の俳句は過半惡句駄句を以て埋められ上乘と稱すべき者は何十分の一たる少數に過ぎず。否僅かに可なる者を求むるも寥寥辰星の如しと。

といふ「芭蕉雜談」の「惡句」という章の一部分です。「辰星」といふのは意味が多岐に亙る言葉なのですが、この場合は「朝の星」。いい句があつたとしても、朝見える星の數程度だよと斷言してゐるんです。書かれたのは明治二十六年十一月十九日ですから、芭蕉神社の建立など、春秋庵幹雄らの活動を意識してゐるんですね。また、確かにその後に「各句批評」といふ章を立てて、《古池や蛙飛こむ水の音》を筆頭に、《道のへの木槿は馬にくはれけり》などなど世に有名な句を擧げてばんばん貶していつた擧句の果に、「芭蕉家集は殆んど駄句の掃溜にやと思はるゝ程」（この部分は十二月九日の掲載）と最後つ屁をかましてゐます。もうけちよんけちよん。

芭蕉さんを人間として甦らせた子規さんの事

さて、それでは子規さんの本意はどこにあつたのか、この「芭蕉雜談」といふ文章に「佳句」といふ章があることはあまり言はれないですねえ。「駄句の掃溜」とまで書いた同じ日に掲載されてゐるのですから、子規さんにも、あまりにも惡口ばかり竝べて、芭蕉さんに氣が引けるといふか、罪の意識が少しは働いたのかもしれません。「佳句」の章に、

余は千歳の名譽を荷はしむべき一點の實に芭蕉集中に存するを認む。

と書いてゐます。千年に一人の逸材であると認めてゐるのです。子規さんが好きだつた芭蕉さんの句を擧げませう。

夏草やつはものどもの夢《ママ》のあと
五月雨を集めて早し最上川
あら海や佐渡に横たふ天の川
吹き飛ばす石は淺間の野分かな

などを「雄壯」として、

衰へや齒にくひあてし海苔の砂
淸瀧や波にちりこむ靑松葉
靑柳の泥にしたゝる汐干かな
眉掃を俤にして紅の花

などを「幽玄」、

などを「纖巧」
行く末は誰が肌ふれん紅の花
木の下に汁も膾も櫻かな
などを「華麗」、
蛸壷やはかなき夢を夏の月
生ながら一つに氷る海鼠かな
などを「奇抜」
猶見たし花に明け行く神の顔
あら何ともなやきのふは過ぎて河豚汁
などを「滑稽」、
しぐるゝや田のあら株の黑む程
秋近き心のよるや四疊半
などを「藴雅」。
まだまだあるのですが、書き出したら芭蕉句集が出來てしまふ。百十四句「佳句」として拔き出してゐます。
旅に病で夢は枯野をかけ廻る
は「一誦三嘆」、
君火を焼けよき物見せん雪丸け

は「狂」、

送られつ送りつはては木曾の秋

は「格調の新奇」。

芭蕉さんの生涯に殘した句の數つてご存知ですか。存疑といつて、確實に芭蕉の作だとは言へない疑はしい句を含めて千句に足りないのです。「上乘と稱すべき者は何十分の一たる少數に過ぎず」と貶す振りをしたすぐ後に、百十四句拾ひ上げて、八句に一句の割合で、實際には褒めてゐるんです。

なぜさういふ態度に出たのかといふのは、先ほど言ひました春秋庵幹雄らの建立した芭蕉神社に象徵されるやうな、舊派宗匠たちの宗教的妄信、道德的解釋への怒りがあるからなんです。文學者・俳人としての芭蕉さんへは、子規さんは傾倒してゐたといつてもいい。さういふ道筋があるのに、子規さんは芭蕉さん嫌ひ、といふことが喧傳されてしまつたんですね。

でもね、その後もちやんと芭蕉さんは讀まれ續けてゐるんです。といふよりも、芭蕉さんは一旦神樣、花之本大明神になつてしまはれましたけれど、子規さんのいや、「昇《のぼ》さん」と呼んだはうが親しみありますねえ、正岡子規の本名です、昇《のぼる》。高濱虛子さんはさう子規のことを呼んでゐました。その昇さんの芭蕉論によつて、芭蕉さんは人間として甦つたんですよ。ゾンビじやありませんよ。

芭蕉さんを受け繼いだ楸邨さん晩年の句の事

僕は學者ではありません。實作者です。學者にとつては、芭蕉さんは江戸時代の過去の偉人で研究對象なのかもしれません。だからさまざまな文獻を驅使して芭蕉さん「へ」近づかうとする。それも大學から生活費まで頂いてね。でも學者ではない一介の市井の俳人である僕は、何も芭蕉さんのことを研究する必要はないんです。枕でお話しましたけれど、芭蕉さんの言ふ「氣」、阿部完市さんのいふ「何ものか《エトワス》」で感じればいいだけです。全身全靈で芭蕉さんが自分の體に入つてきてくれるやうにする。句を讀むときも、「去來抄」などの論を讀むときも、もちろん「おくのほそ道」とかの紀行文を讀むときもね。するとね、芭蕉さんのはう「から」近づいてきてくれるんです。學者さんたちにとつての過去の偉人が、實作者にとつては「同時代人」になつて甦るんですね。僕たちと一緒の俳句仲間。さう、句會で選をするときのやうに芭蕉さんの句を選しながら讀んで下さい。芭蕉さん自身が今を生きてゆく。殘念なことに亡くなつて三百年も過ぎて、お體が無くなつてしまつたんで、芭蕉さんの新作を讀むことは出來ませんけれどね。惜しいなあ、もう少し長生きして下さつてゐればねえ。せめて四百歳生きて下されば、握手も出來たんですけどねえ。

でも、先日、今日の主催者のお一人で板畫家の森貘郎さんから、『更科紀行板畫巻』といふ本を送つてもらひまして、二十年前のお仕事、その時、芭蕉さんは貘郎さんに近づいてますね。そんなことを一枚一枚見させて頂いて感じました。今日賣つてゐるはずです。買つて下さいね。芭蕉さんがこんなに身近なんだつて思へますから。「更科紀行」つて、短いんです。大きな活字で、それこそ芭蕉さんが廣告に使つた二號活字以上の活字で全文入つてゐます。

古典だ、難しい言葉だ、近寄りがたい存在だなんて思はないで下さい。この『更科紀行板畫巻』を讀めば、いや眺めれば、そのことがすぐに實感できると思ひます。歴史的人物だからつて、「芭蕉」と呼び捨てにしてはいけません。もちろん「花之本大明神」に祀り上げてもいけないんだけれど、今を生きる芭蕉さんを直に感じて頂きたいのです。

戰後の政府の愚かな政策で、一旦過去の文學は一切合財切り捨てられました。略字だ、現代假名だとか言うて、過去の文學を遠いもの、讀めないものにしてしまひました。でもね、芭蕉さんから子規さんから僕たちまで、本當は地續きなんですよ。西洋文化が輸入されたり、歐米に戰爭で負けたりした程度のことで百八十度轉換してしまふほど、日本の文化つて柔《やは》やないつてことです。それを『更科紀行板畫卷』で感じて下されば有り難いなと思ひます。

昭和に入つてから、芭蕉さんは加藤楸邨といふ俳人に近づくんです。『楸邨全集』といふ全集が講談社から出てゐるのですが、あの全集は完璧ではありません。楸邨さんの戰前の文章が、隨筆以外はほぼすべて缺落してゐます。若書きを全部捨てた、いや、存在そのものを知らなかつた節もあります。で僕の編集者魂に火が付く。『加藤楸邨初期評論集成』全五卷を出すんですが、これで僕は大損します。千部賣れると思つてゐたものが、二百部しか賣れない。邑書林創設直後のこと。四半世紀前の話です。それ以來僕、給料といふものをまともに貰つたことがない。僕には春秋庵幹雄のやうな商才がどうにも無いやうなんです。

まあ、そんなことはいいとして、この「集成」第二卷が「作家論・芭蕉研究」です。楸邨さんには實作者である面と研究者である面二面あります。で、芭蕉さんのことについては、徹底的に研究してゐます。ですから、青山女子短期大學の教授にもなつてゐるのですが、一字一句にとことん拘つた解釋と鑑賞をやる。楸邨さんの僕の好きな句、

おぼろ夜のかたまりとしてものおもふ　　楸　邨

ふくろふに眞紅の手毬つかれをり
百代の過客しんがりに猫の子も
天の川わたるお多福豆一列
牡丹の奥に怒濤怒濤の奥に牡丹
師走自問すだからどうしろと言ひたいのだ

邊りには芭蕉さんの影響が顯著ですよ。晩年の句です。初期の研究が晩年の作品に結實したのでせう。「ふくろふに」や「天の川」の句に特に如實ですけれど、虛と實が混沌としてゐる。「師走自問す」はね、僕、作品が發表された次の日に、達谷山房といふ名を付けられた楸邨さんのお家に行つてるんですけれど、「師走自問すつて、いい句ですねえ」つて傳へたら、につこーとされてね、「褒めてくれますかー。嬉しいなあ」つて、満面の笑み。褒められたら無警戒に喜びを表はすつてのは、藝術家の習性ですね。三尺の童の心ですよ。

純愛か溺愛か、芭蕉に戀するといふ事

ただ、今日の最後の話は楸邨さんのお弟子さん、森澄雄さんのことです。芭蕉さんを研究するのではなく、感じるんですよ、といふ話の續きをしますね。

例へばね、

秋の淡海かすみ誰にもたよりせず　澄雄

と言ふ句が「何を言はんとしてゐるのか」を探るのが研究家。でも實作者は「好き」か「嫌ひ」かを

感じればそれでいいんです。好きな人は澄雄を澤山讀むやうになるでせう。そして影響を受ける。すると澄雄さんに會ひたくなつてきますよね。氣持が抑へられなくなつて、寢ても覺めても「澄雄さん」「澄雄さん」。夢の中で、自分が白鳥夫人、アキ子さんですね、白鳥夫人に化身してしまつて「夜長ですね」なんて言ふやうになる。《妻がゐて夜長を言へりさう思ふ》といふ句の再現を、自分を主人公にして夢の中で見る。重症です。ここまで來ると、これは戀ですね。略字の「恋」ではなく、正字の「戀」。「糸し糸しと言ふ心」です。殘念ながら澄雄さんは貴女を知らない。だから、一方的な片思ひ。で、澄雄さんを木蔭からでもいい、一と目見たい、となる。會ひたい、見たい、會ひたい、見たい。戀心は募る一方。ここまで來ると弟子入りするしかないです。

あ、澄雄さん、亡くなつてますけれど、弟子入りは出來ます。貘郎さんはたしか、楠方志巧さんの死後のお弟子ですし、辻桃子さんといふ俳人は師系松尾芭蕉と書いてをられます。この「戀心」が實作者を増やす大きな要因になると思つてゐます。

今年、小川軽舟さんが大きな句を作りましたね。

桐咲くや師系明治に遡る　　軽舟

いい句ですけれど、これではまだまだ現實的、そうじやなく、死者に惚れ込んで、死者を師匠にしてしまふ。そこまで行く。

なにせ、その作品なり言つてゐることに惚れなくては始まりません。桂信子さんはたまたま本屋さんで見た文學全集に載つてゐた日野草城さんの寫眞があまりにもハンサムだつたので弟子入りしたと言つてをられまして、これも戀心ですわな。

研究者にとつては一對象、一文獻、一テキストであるものが、實作者には戀の對象になるといふことです。芭蕉さんだつて生きてます。その思ひで讀まないと面白くもないし、身に付かない。あ、今日も研究者の方が混じつてゐるかも知れませんから、こんなことばつかり言つてゐたら叱られるので言ひ譯しておきますね。學者さんだつて研究對象の作家なりテキストに惚れるんです。惚れなきや研究に身が入るわけがないんです。ただね、ギリシャのプラトンみたいに、プラトニック・ラブで押し通すのが學者さん。純愛といふか、禁慾的といふか、體は許さないんです。體を許す關係になつてしまふと、テキストとしての對象を見誤つてしまふ。學者が痘痕《あばた》を笑窪だつて書いてしまつたら、その論文は學會で無視されます。時には馬鹿にされる。次の就職口が見つからなくなる。路頭に迷ふ。妻子が饑ゑる。といふ惡循環ですな。ですから、心を鬼にして、純愛、プラトニック・ラブを通される。前回講演なさつた矢羽勝幸さんね、一茶に戀なさつてはゐるけれど、純愛ですからね。

實作者の愛つてのは、そうではないですね。溺愛。痘痕であらうがひんがら目であらうが、それは、戀をしてしまつた私にとつては可愛い笑窪であつていいんです。僕を思つてくれてゐる流し目だと思へばいいんです。

だから、學者にとつては江戸前期から中期にかけての、元祿文化の一翼を擔つた俳諧師・松尾桃青芭蕉さんはその江戸の人であることをどこまでも越えないのですが、實作者にとつては、今も生きてゐる戀の相手であり、同時代人なのです。

先ほど、《秋の淡海かすみ誰にもたよりせず》といふ澄雄さんの句を擧げましたが、この澄雄さんは芭蕉さんと猛烈な戀愛をした一人なんです。男同士、そんなことどうでもいいんです。江戸時代、ホモセクシャルなんて當たり前のことですから。好色一代男の世之介は、抱いた女三千に對して抱いた少年七百ですからね。現代だつて、女の子に人気の漫畫はボーイズラブ、ホモセクシャルな漫畫です。「文學ホモ」といふ言葉があつたんです。最近は聞きませんね。さういふ點でも文學が弱くなつたなと感じます。

で、森さんの「秋の淡海」の句、これ、森さんの芭蕉戀の始まりを告げる句なのですが、

行く春を近江の人と惜しみける　芭蕉

といふ有名な句と呼び應へあつてます。呼應するやうに詠まれてゐます。そこには字の如く〈春秋〉があります。青春ですね。年月が祕められてあるんです。二人の春秋を超えた、俳諧俳句の春秋がある。すごい戀心ですよ、これは。で、逆に森さんの句から先に讀んでみて下さい。

秋の淡海かすみ誰にもたよりせず
行く春を近江の人と惜しみける

の順に讀む。かうすると、〈春秋〉ならぬ〈秋春〉があるんです。〈秋春〉なんて言葉、辭書には載つてません。でも、秋から春へ、これ、年を跨ぐんです。森さんの句は昭和です。昭和四十七年の作。芭蕉さんの句は元祿。年を跨ぎ時代を遡つて呼應しあつてゐる。かうなると、森さんの片思ひではなく、芭蕉さんも森さんの戀にちやんと應へてゐる。相思相愛です。仲人はシルクロードだと言はれてゐます。森さん、シルクロードへ旅をして、頻りに芭蕉さんが戀しくなるんです。そしてその後近江・淡海への旅を始める。百回は行つたと聞いてゐます。昭和四十七年五十歳から百回ですから、年に四、五回は行つてゐる。

虚の側に身を遷す瞬間の事

で、森さんの句ね、どうして「誰にもたよりせず」なのかお分かりになりますか。

先に芭蕉さんの句から讀みますね。「近江の人」は何人だつたのだらう、何人の近江の人と惜しんだのだらう、と。これ、きつと、學者さんにはいろいろな文獻から直前に卷いた連句などから推計できてゐるのだらうと思ひますけれど、句だけからは「近江の人」としか言つてゐない。複數なのか單數なのか……。そこが實作者の强み〈氣〉〈エトワス〉で感じればいいんです。僕は友一人と思つてゐます。氣で感じてゐるのですから實證する必要はない。反論したければどうぞご自由にです。ただ、どんな論證が出てきても、僕の「一人の友」說は搖るがない。

僕がもし芭蕉さんだつたら、橫に攝津の人・田中裕明一人ゐれば充分です。他に誰もいりません。いや、逆に他の人が入ると春を惜しむ氣分が害されるでせう。一人の近江俳人と靜かに語らつてゐる、と取るのが、芭蕉のそして僕の「風雅」に適ふと思つてゐます。

で、澄雄さんの句に戻るのですが、澄雄さんも一人ではなかつたんです。いや、實際にお供の俳人がゐたのか、白鳥夫人、アキ子さんがゐたのかは知りません。ゐたのかもしれないけれど、澄雄さんがこの句を詠んだ時、頭にはアキ子夫人もお供の人もゐなかつた。たぶん「一人心」にあつた、孤獨であつたと思ひます。しかし、それでもなほ、森さん、誰にもたよりする必要がなかつたんです。親友の飯田龍太さんや、金子兜太さんに手紙書きたいなあと思つたかもしれない。「シルクロードでの思ひを近江に來てつひに今實現させてゐます」なんて葉書一枚書きたかつたかもしれない。でも「たよりせず」にゐたのは、心に芭蕉さんがゐたからです。戀人である芭蕉さんと近江の地へ來てゐるのですから、ほかの人へ葉書を出す必要なんてさらさらないし、たよりしてしまふと、戀の旅路を邪魔されかねない。

もちろんこの句には先ほども言つた孤獨感、秋の憂ひもあるのですけれど、それを感じることは間違ひではないのですけれど、裏に芭蕉さんがゐる。本當は「二人心」戀の句なんだと讀む、そのことを忘れてはいけないと思ひます。


森さん、芭蕉さんと百回も二人で旅行に行つてしまふほどの惚れ込みやうですから、もうねえ、奥様アキ子夫人（あ、このアキ子夫人ですが、丸顔の肝つ玉母さんなんですけれど、いつもいつもにこにこしていらつしやる。で澄雄さん、若い時の忘年句會の寄せ書きで、筆を手にしてさらさらつと、お惚気《のろけ》俳句、

除夜の妻白鳥のごと湯浴みをり

と恥づかしげもなく書いたと傳説になつてゐます。一種の戯句、それが代表句のやうに人口に膾炙してゆくのですから、戯句も無駄にできません。そして、仲間内ではこの肝つ玉母さんを「白鳥夫人」と呼ぶやうになります。始めて白鳥夫人と會はれた時には、みなさんイメージのギャップを埋めるのに苦勞なさつたと思ひますがね、僕は、二十四歳の時に初めて白鳥夫人に會ひましたが、お優しい方でした）、そのアキ子夫人、芭蕉さんに嫉妬することもなく、森さんに盡くされました。そして昭和六十三年八月十七日に亡くなります。

森さんを殘して。森さんは、お通夜の挨拶で、當時もう腦梗塞で車椅子に坐つたままの挨拶でしたけれど、「僕はアキ子と何度も何度も体を重ねてきたんだ」と慟哭されました。これほどどうどうとした性愛の言葉を通夜の席で述べられたのを、僕は他に例を見ません。性愛の奥深さなんぞまだまだなにも知らない三十一歳の私の心が大きく揺れたのを覺えてをります。そして、數か月後、森さんは、

木の實のごとき臍もちき死なしめき

といふ句を詠んでをられます。「臍」は「へそ」でも「ほぞ」でもどちらでもお好きなやうにと、森さん自身が言つてをられますけれど、僕は「へそ」と讀みたいなあ。そのはうが普通でせう。「飲食」を「おんじき」と讀ませたがる俳人が多いですけれど、「のみくひ」でいいじやないですか。そのはうがよりリアル。そのはうが「俗」に生きる僕たちの「生」に近いはずなのに、もつたいぶつて「ほぞ」だとか「おんじき」と讀ませてむりくり高尚なご趣味にしてしまはうとするきらひがあるやうに思へて仕方がない。俳句なんてのは俗なもんなんです。庶民のもの。「ほぞ」に詩があつて「へそ」には詩がないなんてことはない。どう生かすかは俳人の力量ひとつ。この句も「へそ」と讀むから「木の實」が生きるのではないでせうか。

そして、森さん、臍を詠んで、生身の奧樣を悼んでをられるのです。虛と實の間の薄皮、虛實皮膜、實であり且つ虛である世界、逆に實でもなく虛でもない世界、虛實皮膜といふ芭蕉さんの言葉が、この句にははつきりと表はれてゐると思ひます。

ただ、この「虛實皮膜」といふのも難しい言葉で、虛と實を分ける薄皮、薄皮といつても分けるものですから、では虛の側にゐるべきなのか、實の側にゐるべきなのかといふ問題は當然あるわけです。最終的に一句成す力といふのは、それがもう混沌としてしまふ世界ではありますね、それが芭蕉さんの言ふ「氣」であり、アベカンさんのいふ「エトワス」であり、爽波さんのいふ「天惠」なのですけれど、俳人は普段どつち側にゐるべきかといふことです。

犬猫の話をもう一度例に擧げますと、彼ら、自分が生きてゐるといふ意識、ないと思ふんです。それを意識しないで生きられてゐる犬猫。三尺の童にもなると、もう自分が生きてゐるといふ意識も生まれ始めてゐるでせうが、二尺の童、六十センチ、生まれて數か月、まだ意識ないでせうね。卽ち、犬猫や二尺の童は、虛の側にゐるんですね。生きながらにして生きてゐない、ともいへる。認識論などになるのかもしれませんが、そんな難しいことは僕知りません。僕たちが考へてゐる生きるといふことを、犬猫はやつてゐるわけではありません。彼らは宇宙の節理の中で無意識に生かされてゐるだけです。虛に生きるといふのは、さういふことです。それを芭蕉さんは人間に求めてゐるのですね。

藝術家の創作活動といふのは、たいがいがさうなつてゐるのだと思ひます。森獏郎さんの板書にしても、岩崎ちひろさんのメルヘン畫にしても、草間彌生さんの水玉模樣にしても、小澤征爾さんの指揮にしても、この四人は信州ゆかりの方々ですが、天才といへどもいくらやつても駄目なときは駄目なんです。本當にいい作品が生まれた後には、「手應へ」、「手應へ」といふのは、これ、波多野爽波の受け賣りなんですが、「やつたぞ」つていふ寒氣がするといふか、鳥肌が立つやうな手應へが殘るんです。それはその一瞬藝術家が虛の側に身を遷した瞬間なんだらうなと思つてをります。

それを解決する芭蕉さんのことば、これは森澄雄さんが特に好んだ言葉なんですが、それを披露して今日の講演を終へたいと思ひます。

虛に居て實を行ふべし
實に居て虛に遊ぶべからず

虛實皮膜でインターネットの検索を掛けますとね、近松門左衛門が出てくるんです。でもね、犬猫には淨瑠璃は書けません。ただ野山を徘徊するのみです。俳人も野山を徘徊して俳諧に遊びますよね。虛實皮膜、それも虛の側にゐられるのは、近松ではなく、芭蕉さんだと思つてをります。

芭蕉さんの三百二十一回忌なんですか、ああ、花之本大明神ですから、神様ですから、「回忌」は使はないのかな、三百二十年祭。僕はそんな數字、どうでもいいから氣にならないのですけれど、滿三百七十歳の芭蕉さんが生きてゐるんだと思ふことのほうが、大切なんだと思つてをります。

皆様のご健吟をお祈りしながら、今日の話はここまでです。

御清聽ありがとうございました。

有季俳句は雑歌だといふこと

『萬《まん》の翅《はね》』（二千十三年十一月、角川学芸出版）といふ句集が出た。高野ムツオさんの第五句集である。

月光の瀧を束ねにとこしえに　高野ムツオ

が先づ巻頭ページに見える。ムツオさんの師、佐藤鬼房さんを悼む一句で、《死後のわれ月光の瀧束ねゐる》（『愛痛きまで』）を下敷にしてゐる。鬼房さんの死は二千二年一月十九日。はや十三回忌が今月巡つてくる。もちろんムツオさんは、そのことを意識してこの句集を編まれたのであらう。

鬼房さんは自らの死を詠むことの多い俳人だつた。『愛痛きまで』（二千一年、邑書林）には、

まだ生きてゐる出來損ね海朧　佐藤鬼房
宮城野の萩の下葉に死後も待つ
死の覺悟ありさうでなし落葉焚
自然流自裁はなきや雪煙
夜櫻や小人になれば死なず濟む
目を落すとは死ぬことぞ雪兎
死ね死ねと鳴くやに山の麥熟らし
冥府行特急涼しとも涼し

雙頭の鵄さもなくば野垂れ死
織姫を伴ひおのが忌に參る
凍え死ぬにも岫《くき》ならば安からむ
年首壯嚴死もまた然り死は怖し
死なず死ねず寒食の雨聞いてゐる
孤狼として死ぬほかはなし病む晩夏
片方の眉根が暑い死神か
またの世は旅の花火師命懸
死後のわれ月光の瀧束ねゐる
もう少し生きたい釣瓶落しかな
生きのびるまた青鹿《あをじし》に遭へるかと
鶉野に遊べり靈柩車に乘つて
泣蟲の鬼房は死ね冬の波
谷《たに》蟆《ぐく》やわが頭蓋骨らしきもの

と、ざつと數へただけでも二十二句、己れの差し迫つた死を強く自覺しての絶唱が刻まれてゐる。「織姫を伴」ふあでやかな死もあれば「野垂れ死」する無樣な死もある。素の鬼房、裝ふ鬼房、どれもこれも鬼房さんの體内を通過した本當の聲に違ひない。しかし高弟ムツオにとつては、鬼房さんは死後も凜と立つ孤高の鬼房であらねばならず、阿弖流爲《あてるゐ》の末裔たる誇り高き愚直者《ぐちよくもの》であり續けてほしいのだ。

「とこしえに」の句にはさうしたムツオさんの祈りが籠められてゐる。

ただ、この句、一見不思議である。季語としてはもともと數へられてゐなかつた「瀧」は氣にしなくていいけれど、「雪月花」の一つでもある秋季の「月光」が季語の顔をして坐つてゐる。記したやうに鬼房さんの死は一月十九日。翌日に大寒を迎へるといふ寒のど眞ん中であつた。されど、寒の季語はこの句に無い。季《き》の詞《ことば》の約束ごとを破つてでも、ムツオさんはこの句を生さねばならなかつた。

これは約束違反なのか。さうではない。

ムツオさんは季語べつたりの人ではない。しかしこれを遠ざけてゐるのでもない。いや、日常の詩の言葉としての季語の強さを知つてゐる俳人だ。だから『萬の翅』も基本的には有季俳句の句集だ。この句と、後に述べるある一ヶ所を除いて。

では、なぜこの無季俳句はムツオさんの中で許容されたのか。

それは日本の詩歌の傳統、それも原初からの傳統、言ひ換へれば、詩を生す人の慾求に素直に従つたまでの事なのだといふことを見逃してはならないだらう。日本の詩歌の傳統、和歌の部立を思ひ出さう。四季が重んじられ「春」「夏」「秋」「冬」が立つのは『古今和歌集』から、卽ち平安時代に入つてからの事で、『萬葉集』の部立は、おほむね「雑歌《ざふくわ》」「相聞」「挽歌」の三つだけだつた（巻第三及び巻第七に「譬喩歌」といふ部立があり、また、巻第八では「春の雑歌」「春の相聞」などと、四季別への意識が高まる、といふ例外や過渡期の變化は見られる）。ムツオさんの「とこしえに」の句は挽歌である。萬葉の感覺では四季は日常のことだから雑だけれど、死は日常を越える。死とはそれほどに重い事件なのであり、その重さは今も變はる事なく、詩を生す契機として人の根源にある。であればこそ、後世生まれた俳諧の約束事に囚はれる必要はないのであつた。

芭蕉さんが無季の句を容認してゐることは、廣く知られてゐるだらう。「ほ句も四季のみならず、戀・旅・名所・離別、等無季の句有りたきもの也」として、《歩行ならば杖突坂を落馬哉》（はせを）《何となく柴吹風も哀也》（杉風）を例句に擧げてゐる。『去來抄』である（右の表記は岩波文庫版に據る）。ここに旅や名所が含まれてゐるところを見ると、芭蕉さんが意識したのは古今集以後の部立だつたのだらう。少し歴史を遡ると、四季よりもはるかに「うた」を呼ぶ力を持つ「想聞」「挽歌」があつたのだ。想聞は生に繋がり、挽歌は死そのもの、四季とてそのあはひの幻、日常の事、即ち雜なのであつた。

ムツオ俳句のなかにある無季俳句は、己が詩を生す衝動に素直に從つた末の作品なのであり、その心の動きにそれこそ愚直に寄り添うた結果なのだから、決して約束違反ではない。

鬼房さんが亡くなつた晩の月齢は五・五だつたさうだ。半月に少し足らない、人間八十年の齢に換算すると十五、六歳、青年期前半の月であつた。これから育ちゆかんとする若き月に向かつて、鬼房さんは死出の旅に發つた。句には記されてゐないが、それが冬の月であつたことも、ムツオさんの心を搖さぶつたであらう。皓々と白く輝く寒月。冬は、東北人たる鬼房さんにとつてもムツオさんにとつても、詩の季節なのである。


冬日向初めて立ちし日のごとし　高野ムツオ

なんといふ明るさであらうか。生まれて初めて二本の足で立つた日。人として生まれてきた全ての者への頌歌のやうな立ち姿である。日の當たつてゐる今、その場だけが暖かい冬日向の、一瞬の喜びを伴ふ日差が眩しい。この句集で一番好きな句だ。死を見つめ受け入れることの出來る人は、生の歡喜を知つてゐる人でもあるといふことだらう。
かうした死と生の句、また自らの癌を契機とする句などを挾みながら、『萬の翅』は編み繼がれてゆく。

飛ぶものは皆みひらきて春の暮　　高野ムツオ
さかさまに止まり蝶から凍蝶へ
土龍にも春の空あり見えねども
毿れたる雨脚のため虹懸かる
雪の夜の万年筆の中も雪

命あるものへの、また、雨や虹、雪といつたものにまで命を見出だすがごとき詩人の視線がやさしい。
ところが、この句集、平成十四年の句から編年で編まれてきて四分の三を讀み終はつたところで、變調する。

巖より巖のごとし寒の鯉　　高野ムツオ
寒鯉の鰓より炎なせるもの
日の翼蹴って寒鯉鎖籠もる
月光の淀みが褥寒の鯉
寒鯉が頭を星空へ突き出しぬ

あと一句續く「寒鯉」への六句の執着とその句たちの完成度の高さに、僕の鼓動が昂りを見せる。ここに至るまでの句柄には、言葉のふくよかさが感じられた。それは、還暦前後の句群といふ、年齢がもたらす俳句型式への信頼感による餘裕とも受け取れるし、また、鳥や空、風、宇宙が題材として多く取り上げられる事による開放感にもよるのだらうが、この寒鯉一連六句は明らかに今までと違ふ迫り方で僕を打つ。

この句集、一つの對象にここまで執した一連は他にない。

この執着はいつたい何を意味してゐるのか。ムツオさんにとつての「崇高なる命」への肉迫ぶりがここへきて一氣に際立つやうなのである。いや、さういふ句がムツオさんの中で書き繼がれてきてゐることは承知してゐるが、平成二十三年年初に生されたこの句群の言葉の緊密度は、他のどの句よりも高い。憑かれたやうにと書くのももどかしい。確かにムツオさんはこの句群で憑かれてゐる。

この六句、僕は作者の姿を見つけられないでゐる。作者の視線がないのだ。作者が消されてゐると言つてもいい。

たとへばこの時期の代表句と目される《天体もキャベツも一個春の夜》であれば、暖かな春夜、キャベツに眞向かひながら自ら生を受けた地球を思うてゐる高野ムツオといふ男の姿を、たちどころに目裏へ浮かべることができる。もつと物だけの俳句を出してみようか。《寒雀一羽となりて光り出す》といふ句にしても、この寒雀の背後に高野ムツオといふ詩人の視線が、それこそ光を放ちながらにあることを感じる。それなのにこの六句、いや嚴密に言ふとここに擧げた五句は、作者と對象が混沌としてしまつて、寒鯉にムツオさんの魂が乘り移つてゐるのではないかとすら感じるのであつた。

今ならば知つてゐる二ヶ月後のことを思ふと、これは預言として書かれた句群だつたのだらうか。

ページをめくると「三月十一日」の前書が飛び込んでくる。そして、すでに人口に膾炙されてゐるさまざまな句に改めて立ち會ふこととなる。その一部を静かに拝讀しよう。

車にも仰臥といふ死春の月　高野ムツオ

泥かぶるたびに角組み光る蘆

瓦礫みな人間のもの犬ふぐり

陽炎より手が出て握り飯摑む

ムツオさんのこの日以降の詩的精神を、この日とそれ以後の出來事を抜きにしては語れない。「光る蘆」の句は僕個人にとつても思ひ出深い句で、地震の直後、知り合ひの記者からの電話で、東北の俳人を敎へろと問はれ、高野ムツオ以外にはゐないと傳へた後、電話一本で摑まへられるかどうかは現狀知らぬと應へたのだつた。その後出た新聞エッセイの中にこの句が掲載される。東北人の愚直で泥臭い再生への生気を地震の直後、震災のまつただ中で書ききつた秀吟だ。

この時期、無季の句がいくつかある。

四肢へ地震ただ轟轟と轟轟と　高野ムツオ

天地は一つたらんと大地震

地震の闇百足となりて歩むべし

膨れ這い捲れ攫えり大津波

僕の見たところこの四句か。全て「三月十一日」といふ前書のすぐ後、五句のうちの四句だ。『萬葉集』の部立を思ひ出さう。想聞（生）と挽歌（死）以外はすべて雑だつた。ではこの四句は何なのか。ムツオさんにとつて後に東日本大震災と呼ばれることとなる眼前の地震が、生死を分かつ一大事であつたことの証としての無季なのではなからうか（「百足」は春季ではありえないので、三句目も無季である）。

そしてその後すぐに、ムツオさんの俳句は有季に戻る。卽ち雑へ戻るのである。三月十一日午後二時四十六分から數分間續き、その後津波をもたらした地震そのものは、生死を分かつ大事件だから無季だけれど、それ以後の震災の日々は、生あるものとして受け入れざるを得ない日常なのだ。福島第一原發事故とて、その中にある。特別の事として俳句を生すのではなく、日常生活者としての俳句を書き繼ぐこと、書く事によりムツオさん自身が救はれる事、地震以後の日常として書かれ續けるムツオ俳句を讀むことにより讀者一人ひとりが救はれる事、俳句の力、言葉の力を信じてゐるから、ムツオさんは雑の句卽ち有季俳句へ直ぐに回歸したのではなかつたか。

この句集は今後、震災句集の一つとして語られることになるのだらうか。そのことに異議を唱へるつもりは毛頭無いが、そこへ特化して語ることを僕はしたくない。鬼房さんの死から震災の日々までの、ムツオさんの日常が書かせた句集なのである。

文語なのか慣用表現なのか

俳句を書くとき、僕たちはどういふ言葉を使つてゐるだらうか。日本語の言ひ回しには大きく二つあつて、口語、文語と呼びならはされてゐるけれど、僕たちはどこまで、口語だとか文語だとかを意識的に使つてゐるのだらう。

「俳句」二千六年七月號が「文語の威力、口語の魅力」と題した特集を組んでゐて、總論を書いた櫂未知子さんが、定型との兼ね合ひから「文語の便利さ」を言つてゐたのに意を強くした。また、仁平勝さんや池田澄子さんの文章も樂しめた。何より大事なのは、文語か口語かどちらかに決め込むのではなく、兩刀遣ひ、今書かうとしてゐることに合ふ言葉遣ひをする柔軟性だらう。口語は文語に對する皮肉といふ仁平さんの言葉が頭に殘る。九割方の俳人が未だに文語の呪縛から解けてゐないことが不思議でならない。

特に不思議なのは、「や」「かな」などの切れ字を文語に數へたがる人がゐるといふこと。切字は「慣用句」なりと考へないと、切字の問題と文語の問題がごつちやになつてしまふ。特集でも、

路地裏を夜汽車と思ふ金魚かな　　攝津幸彦

を文語の名句として、「季語〈金魚〉と文語の切字〈かな〉によって俳句以外の何ものでもない姿をしている」といふてゐる方がゐたけれど、この說は我田引水なのであつて、同調できない。また、「口語

ならば置かれるはずの場所に助詞がない」と書いて、

フルート曲杉一本づつ雪ふらす　櫻井博道

を文語の名句だとするコメントもある。助詞が省略されてゐるのは文語の證みたいに言ふことには、大いに疑問を持つてゐる。

先に「九割方の俳人が未だに文語の呪縛から解けてゐないことが不思議」と書いた。戦前の教育を受けた俳人たちにはこの呪縛がありさうだけれど、最近の俳人たちはもつとしたたかに「道具」としての文語表現を用ひてゐるのではなからうかとも思ふ。もつとはつきり言つてしまふと、最近の俳人の多くは文語を意識的に獲得しようなどとは思つてゐないのであつて、俳句特有の言ひ回しを利用し、取り入れてゐるに過ぎないのではなからうか。意識的か、無意識的かに關はらず、それが强固な定型を獲得する近道であり、最良の方便であると嗅ぎ取つてゐるのではないか。まだまだ戰後の影を引きずつてゐた昭和四十年、五十年代くらゐまでは、文語や歴史假名遣ひと戰前の帝國主義を結びつけるなどのアレルギーがあつたけれど、そのやうなアレルギーはほぼ拂拭されてゐる。そんな中で今の若い俳人たちは、方便として、簡潔な言ひ回したる俳句特有の表現を吸收し利用してゐるのではなからうか。

『現代俳句一〇〇人二〇句』（二千一年、邑書林）に載る大高翔さんから小川軽舟さんまでの若い十五人三百句を調べると、

かな	二十八回	文語形容詞	二十八回	や	二十七回
き（し）	二十三回	けり	二十一回	文語動詞	十四回
なり	十回	をり	八回	ぬ	十一回

よ　　　　　　　　　　　　　　　　六回

など、二百三十回の文語使用例を見つけることが出來た。ただし、ここに出てくる文語といふのは、多く俳句實作上頻出する文語で占められてゐる上に、七割以上が「切れ」そのものまたは、「切れ」に直結する文語表現なのだ。右以外では「たり」「り」「べし」「つつ」「かり」「す」「あり」などであり、珍しいものとしては、

秋風の百味知らばやや舌ひとつ　　　　高山れおな

の「ばや」がわづかにある程度なのであつた。

今、明治二年生まれの『松瀬青々全句集』を作つてゐる僕がときどき目にする、

月鉾の町に知る家有らばやな　　　　青々
この鐘をよそに鳴ききそ時鳥
竹にさしてなくば目刺の思ひせぬ
水引はさすに淋しく有りけらし
水田あたり鸛の來たらめ松の花

のやうな「手の込んだ文語」の使用例は、現在では殆ど目にすることがない。現代の俳人たちが使つてゐる文語といふのは、その殆どが「慣用表現」だといふことである。

いづれの御時にか、女御、更衣あまたさぶらひたまひけるなかに、いとやむごとなき際にはあらぬが、すぐれて時めきたまふありけり。

有名な『源氏物語』の冒頭を引いてみた。もちろん文語だが、散文である。簡潔な感じがするだらう

か。結句「ありけり」にはぴりつとした感じはあるものの、ながれとしては決して簡潔ではない。文語といへど、散文ではきりつとした雰圍氣は生まれないのだ。源氏が書かれた頃は、文語と口語はまだまだ未分化だつた。書かれたやうに話してゐたのだから、いつもいつもきりつとしてゐたわけでないのは、當然でもあらう。この事からも知れるとほり、俳句の力といふのは何も「文語」だからなのではなく、五音七音五音といふ「型」にこそあるのだと思ひたい。

口語は定型を壊すといふのは嘘である。まだまだ俳句で口語表現の作品の割合は低いけれど、短歌や川柳では口語による五音七音五音の定型が日々量產されてゐる。七月二日にあつた玉野市民川柳大會の記録を見てみると、

くらげから神秘はもらいましたから　　畑　美樹
沈むのは軽い言葉をのせた舟　　小池正博
近景がまだら模様になってくる　　赤松ますみ
迂回しながらしなやかに飛ぶガーゼ　　石部　明

などの口語定型をたやすく見つけることができる。

松瀨青々の時代、それはまだまだ文語が生活の中に生きてゐた時代である。青々の博識ぶりを考慮に入れたとしても、「有らばやな」も「來たらめ」も今ほどには遠くなかつたのであらう。今の若い俳人を思ふと、これほど遠く、使用例も疎らな文語は敬遠される。まして源氏の「あまたさぶらひたまひける」なんて、俳句で使ふことすら思ひ及ばないだらう（「さぶらふ」などといふ謙讓の心からして、取り付きにくいものだらう。いや半面、だからこそ挑戰せんとする若者が現れると面白いとも思ふが）。しかし、俳

句表現上頻出する切字を始めとした特有の表現手段は、「利用しない手はない」のであつて、敬遠する理由も特にない。なんとなれば、俳句が定型であり、慣用句としての文語はその定型を立たしめるに好都合なのだから。何しろ使用例に事欠かないのだから、使ひ勝手がいい。

自らに引き付けてみても、僕の文語の知識なんていふのは薄つぺらなもので、高校卒業程度以下だ。それでも文語的な表現を利用して俳句を作り續けられてゐるのは、何も俳句は文語表現でなくてはならぬなどと思うてゐるからではなく、歴史に殘るあまたの俳句を讀むうちに慣用表現としてからだに染み込んできたからに過ぎない。僕は勉強嫌ひなものだから、文語文法を教へる本はおろか、俳句の入門書も讀んだことがない。赤ん坊が日本語を覺えるやうに、俳句初歩の時代に慣用表現を自然と覺えていつたのだつた。

もちろん今は違ふ。意識的に表現の幅を廣げることを模索してゐるのであり、俳句史から與へられた慣用表現に縋るだけではいけないことも承知してゐる。そんな僕に進みうる道は三つある。人が嫌ふやうな手の込んだ文語へと進むこと、より強く口語表現に拘ること、慣用表現を極めること。どの道に進むのかではない、三者それぞれの良さを追ひ求め、時々の表現に生かしてゆけばよいだけのことである。

今回の結論は二つある。

一、現代の俳人が用ひてゐる表現の多くを、「文語」としてではなく「慣用語」として理解すると判り易い。

一、時々の的確な俳句表現は、文語口語の枠を超えてある。

假名遣ひのこと　高山れおなさんの時評に觸發されて

僕なりの假名遣ひについての思ひは今までそこそこ書いてきてゐるので、改めて書き足すこともあるまいと思つてゐた。若い俳人の多くが歴史假名遣ひを使うてゐることについて、十八歳の越智友亮君が「新撰21竟宴」シンポジウムで、「受け入れ難い」（邑書林ブックレット『今、俳人は何を書こうとしているのか』、二千十年）といふ表現で難じた言葉もにこにこ聴いてゐたし、「俳句界」二千十年二月號を書店で立ち讀みした時も、「激論　旧かなvs新かな」といふ特集を眺め、特段語ることもなささうだと思つて棚に戻したのだつた。

この「俳句界」の特集に高山れおなさんがブログで卽座に反應した（「愛と仮名しみの暮玲露」「俳句空間―豈―Weekly」第77号、二千十年二月七日）。

高山さんは愼重に、「仮名遣いの選択などというのは、所詮末節の末節であって、それこそフェティシズムということで済ませてしまってよい」と書いた上で自說を述べてをられた。

これは、特集の對談で「現代詩は、今の言葉で作るべきでしょうけど、俳句に関しては十七音、有季定型、旧かなという決め事があったんですよ」などと、暢気な出鱈目を語る人とは次元の違ふ意識の高さなのだけれど、僕は高山さんが展開する論へのイレギュラー感を拭へないでゐる。

假名遣ひ論争などさつさと超越したいとは思ふものの、今回は少し視點を變へてそのことを書く。

その前に、文句を垂れておいてその理由を述べないのでは、發話した方からクレームが來かねないので、この發話の何が「暢気な出鱈目」なのかに少し觸れておかう。

「現代詩は、今の言葉で作るべきでしょう」はあまりにも僭越。現代詩を書いてゐる人からは「大きなお世話」と一蹴されるだけの話である。この「べき」には何の根據もない。

次なる大きな間違ひは「旧かなという決め事」。そんな決め事がどこにあつたのか。いや、無かつた。戰前の俳人たちは、普通に普段使つてゐる假名遣ひ、それこそ當時の「現在流通してゐる假名遣ひ」で俳句を書いてゐただけである。だから「どじやう」を「どぜう」と書くやうな慣用假名遣ひ（俗假名遣ひ）もだうだうと罷り通つてゐたのである。

ところで、そのやうなことはもう僕は書き飽いてゐるのであつて、すでに興味の外である。だからくどくどとは書かない。問題はといふよりも僕の心を奮はせてくれたのは、高山さんの變體假名への言及であつた。正直のところこの問題、今まで深くは立ち入らないやうにしてきたところだつたので、痛いところを突いてくれるよな、といふのが本音である。

もちろん、假名遣ひについて時に應じて書いてきた僕の經驗から言つても、今後高山さんの文章に觸發されて變體假名について考へてみようとする俳人が現はれるとはとても思へないのだし、それこそ高山さんの文章をフェティシズムの一言で追ひやることも可能なのだけれど、「それを持ち出したら泥沼だよ」といふ思ひの一端だけは書いておかねばならないと思つてゐる。

高山さんの說を要約風に拔き書きすると、

1　俳句の本質を表記の面から規定するなら、それが漢字仮名まじり文であるところに求められる。

2　歴史的仮名遣いが変体仮名を排除することで成り立っていることで（中略）仮名文字の本質が見えにくくなっている。

3　手書き文字から活字に移行した時に、仮名は漢字の楷書体に準じて硬化し、それと同時に、字母の異なる仮名を取り混ぜることで表記の効果を追求する文化は失われてしまった。

といふことにならう。

「1」については、肯定も否定も僕には自信がない。割合は相當少なかつたやうだが、西行だつて、

おしなべて花のさかりになりにけり山の端ごとにかかる白雲

のやうに和歌に漢字を取り入れてゐた、卽ち漢字假名交じり文で歌を書いてゐたやうだし、江戸期に入ると大隈言道のやうな假名書きを旨とする歌人もゐるにはゐたが、

雲雀あがる春の朝けに見わたせばをちの國原霞棚引　加茂眞淵

筏おろす清瀧河のたぎつ瀬に散てながるゝ山吹のはな　香川景樹

音にあけて先看る書も天地の始の時と讀いづるかな　橘　曙覽

などのやうに、漢字假名交じり歌を書く人はたくさんゐたのだから、短歌が、近代短歌に變革された結果として漢字假名交じり文化したとする高山說の正當性は疑はねばならない。よつて、漢字假名交じり文であることを俳句の本質と言つてしまつてよいのかの判斷は、留保しておく。

「2」については、僕は否と言ふ。僕流に書き直すならば、

2a　近代の活字文化は變體假名を排除することで成立した。その端緒に歴史假名遣ひがあり、現代に流通してゐる一般的な假名遣ひも同様の活字文化の中にある。

「3」については全面的に同意できる。

讀者に分かり易くしておく。

字母とは、假名文字の元になつた漢字のことである。例へば、

ka……字母＝可・加・閑・家・香……

活字文化が未發達であつた江戸期までは、印刷物も手書き文字から版木を起こしたので、文字とは卽ち手書きであつた。そこでは平假名の「ka」は「か」といふ形ではなく、可や加や閑や家や香などのさまざまな字母の崩し字（變體假名）として書かれてゐた。「ka」の仮名の形は一つではなかつた（「變體假名」で檢索を掛けると、いろいろなサイトで確認できる）。

それを活字文化を押し進めた明治期以降、一つの音の假名をさまざまな變體假名の中から一つに絞つた。「ka」の場合は「加」の變體假名が採用され、可・閑・家・香などの形は捨てられたのである。

卽ち、活字文化が成立することによつて、高山さんのいふ「表記の効果を追及する文化」は潰えたのである。これはもともと、日本語の一音一音を漢字に當て嵌めようとして成つた萬葉假名の時代に、特に統一を圖ることもなくいろいろな漢字を當てがつたことによつて生じた事態である。それが平安期以降の假名文字文化を豊かなものにしたのだが、その豊かさは活字文化とともに消えた。

蛇足だが、この豊かさは「字母の異なる假名」だけではなく、「同じ字母でも崩し方が異なる假名」などでも、僕たちは味はふことが出來る。

さて、高山さんはこの文を、どうもある方の傳統觀への批判として書いてゐるやうだ。高山さんが特に問題とするその方の文を紹介しておく（「俳句界」二月號「日本語のかそけさ　ひそけさ」）。

> 俳句の伝統を守るという意味からも、私は歴史的仮名遣い（旧かな）を支持する。「思う」「思ふ」、「思い」「思ひ」、比べてみて、歴史的仮名遣いのほうが、かそけきやさしさを感じてしまうのは、私の独善だろうか。日本語というのは、もっとやさしいものだったはずのように思う。ひそやかな気配というものを、深く湛えていたものではなかったか。そういう息吹を、現代仮名遣いでは、表現し切れないのではないか。ふと、そんなことも思う。

高山さんはこの方に対しての、「伝統」つて何だい、俳句の傳統と歴史假名遣ひはどのやうに關はるんだい、といふ問ひからこの一文を草したのであらう。歴史假名遣ひとは假名遣ひの傳統（變體假名の豐かさ）を潰えさせたところに成り立つてゐる假名遣ひなんだよ、と。そして、高山さんはこの一文で假名遣ひの問題と俳句の傳統の問題を峻別して見せてくれた。これは、「決め事」とか「傳統」とかに縋るしかない歴史假名遣ひ使用者である先の発話者やこの方にとつてはかなりの打撃のはずである。

しかし、高山さんは「だから現代假名遣ひを使ひませう」などといふ馬鹿げた歸結には至らない。その選擇はフェティッシュなものさと嘯くまでである。だから歴史假名遣ひを使ふものも、フェティッシュに選んでゐるだけさと嘯き返してもいいのだが、いや、今の時代に歴史假名遣ひを選拓するといふのは、すごく積極的なことのはずである。

僕は「正假名遣ひ」といふ言ひ方を最近し始めてゐるけれども、世間一般は「舊かな」と呼ぶ。「いつまでも古いものに縋り付いてゐるなよ」といふ冷ややかな視線を向ける。その時にしつかりとした議論が出來ないで「決め事」とか「傳統」とかはては「かそけさ」などといふ氣分でしか應答しえないやうな體たらくでよいとは思へない。

僕が高山さんの批評の變體假名と歴史假名遣ひの斷裂を言ふ部分を讀んで「イレギュラー感」を持つたのは、變體假名を持ち出したら自然と萬葉假名にまで行つてしまふではないか、と感じたからだ。萬葉の時代、母音は現代語のやうな五つではなく、ある説によると八つもあつた。だからたとへば「き」にしても、「企」は甲類音、「幾」は乙類音で別々の母音だつたものを、歴史假名遣ひでは甲類を捨てて「幾」の變體假名から「き」を採用してゐる。これは不當ではないか、といふ話にまで發展しかねないと危惧したからだつた。

高山さんには是非、變體假名の問題は歴史假名遣ひとのリンクではなく、明治期以降、現代假名遣ひを含めた活字文化とのリンクをお願ひしておきたい。

僕は取り敢へず、變體假名（形態）と歴史假名遣ひ（用法）を切り離し、即ち假名遣ひの選択の問題は活字と變體假名の問題とは別であるといふ認識のもとに、活字文化以降の假名形態で、銀杏は「いてふ」なのか「いちやう」なのか「いちょう」なのかを考へ續けたい。

そして考へれば考へるほど、新舊の問題ではなく、正・俗・略の問題であると思へるやうになつてきた。そこに定家假名遣ひの「なんとかならんかいな」程度の不徹底さと、契沖假名遣ひの「なんとかせねば」といふ理念の深さの違ひも見えてくるのである。

だからこそ、芭蕉や蕪村が「かほり」と書いてゐるからといつても、俗假名遣ひたる「かほり」を僕の中で認めることは出來ないし、略假名遣ひたる「かおり」であつさり「w」といふ子音の效果を捨て去ることもしたくなく、契沖以降現代まで連綿と續く研究成果が明らかにした正假名遣ひたる「かをり」をこそ使用したいのである。

國語學のはうでは通說になつてゐるのかもしれないけれど、平安時代、すでに「wo」と「o」の區別は無くなつてゐたといふのは、本當なのであらうか。「かをり」の「w」は結構怪しくつて、たしかに「かほり」と書きたくなつてしまふやうな「h」音の侵略も感じられるのだけれど、「かおり」のやうに「ka」から子音を飛ばして「o」をしつかりと發音するには、それ相應の口の筋肉が必要だらう。また助詞「を」に到つては、今でも多くの人が無意識裡に「o」ではなく「wo」と発音してゐるのではないかと感じてゐる。

僕の言ふ歷史假名遣ひあるいは正假名遣ひとは、その昔、例へば「香り」は「かをり」と書いてゐたのであり、「かほり」は時代が下がつて誤用されるやうになつた假名遣ひであるといふことであつて、その「を」や「ほ」がどのやうな變體假名で書かれてゐたかといふことではない。ましてそれを人工的に「かおり」と書けと國が命ずるといふのは、政治の文化への不當な介入であらう。だから政府も、内閣告示「現代仮名遣い」において「この仮名遣いは、法令、公用文書、新聞、雑誌、放送など、一般の社会生活において、現代の国語を書き表すための仮名遣いのよりどころ」なのであり、「科学、技術、芸術その他の各種専門分野や個々人の表記にまで及ぼそうとするものではない」と斷つてゐるのだつた。

なほ、變體假名の一部は、明治期から少なくとも大正期までは活字文化の中でも使用されてゐたやうだ。いや、谷崎潤一郎の『春琴抄』初版の書影を最近インターネットで偶然見たのだが、ここでは明らかに變體假名が使はれてゐた。昭和八年だつた。

山越えに長夜來游ぶ女かな

は、『松瀬青々全句集』下卷（邑書林）に載る、大正三年「朝日新聞」初出の句だが、「え」は「江」を字母とする變體假名であつたので、全句集でも再現させてある。

また、佐久ホテルの玄關前にある荻原井泉水自筆句碑は、

和羅耶布流
遊幾通毛留

と彫られてゐる。萬葉假名である。漢字假名まじりにすると、

藁屋古る
雪積もる

となるもので、昭和五年、當地での揮毫、ホテルに書も殘されてゐる。

そして、變體假名は書の方では現代でもいくらでも使はれてゐるのであつて、僕が持つてゐる、

牡丹の奥に怒濤怒濤の奥に牡丹　　楸邨

といふ書の二つの「の」は、一つ目が「能」の變體、二つ目が「乃」の變體である。

活字の變體假名は、昭和初期にはどうも廢れてしまつたやうだけれど、書で生きてゐる。

どうぞ現代假名遣ひ使用の俳人のみなさんも、筆を執られる時には是非、變體假名を試してみられると樂しいだらう。

（僕は普段から「歴史假名遣ひ」と「的」を外して呼んでゐる）

峠の文化としての春夏秋冬

あるいは、「ずれ」といふ誤解について

二千十二年七月、本井英さんの膽煎になる第四回「こもろ・日盛俳句祭」に行つてきた。虚子が明治時代に行なつた日盛會なる俳三昧を現代に復活させ、三日間俳句漬にならうといふ句會形式の催しである。句會のあと、初日に講演會、二日目にシンポジウムが行なはれるのだが、シンポジウムの主眼が、二十四節氣の見直しを宣言してをられる日本氣象協會から、このプロジェクト擔當の金丸努さんにわざわざ來て頂いて二十四節氣を考へようとするものだつたので、期待して會場へ向かつた。

以前、現代俳句協會が立春や立夏などを冬や春へ追ひやるといふ無謀な歳時記を編纂刊行したことに「俳句」誌上で抗議したことがあり、その歳時記の編集委員を務められた筑紫磐井さんもパネリストの一人として登壇されるらしいのだ。かういふ機會にきちんと話をしておきたいといふ思ひもあつた。

日本氣象協會による日本版二十四節氣の提案事業については、「俳句」八月號に「どうなる⁉ 二十四節氣」（岡田芳朗・宇多喜代子・長谷川櫂）なる緊急座談會も掲載されてゐる。

日本氣象協會による日本版二十四節氣の提案事業といふものがなぜなされたのか、そして僕は、かういふ提案事業に對してどのやうな立ち位置にゐるのかを書いておかなくてはならない。シンポジウムには會場聽衆の聲を聞く時間が設けられてゐたので、擧手をし、資料をパネリストに配るなどしながら、數分時間を頂いた。これから書く事は、その時の意見内容を補足するものとなるだらう。

その前に、二十四節氣とは何かといふことをかいつまんで説明しておく必要があるだらう。

これは、太陽と地球の位置關係（黄道）をもとに、一太陽年（太陽の回りを地球が一周する時間）を二十四等分し、それぞれの季節に合ふ二文字の單語を宛てがつた暦であり、紀元前十世紀（三千年前）よりも舊い殷周の時代から冬至や夏至（二至《にし》）が中國華北地方で使はれてゐたことが確認されてゐる。春分や秋分（二分《にぶん》）、立春、立夏、立秋、立冬（四立《しりふ》）も戰國時代（紀元前四世紀ころ）には使はれはじめ、紀元前二世紀、前漢の武帝時代の思想書である『淮南子《えなんじ》』には現行の二十四節氣が出揃つてゐるさうだ。

日本には推古天皇、聖德太子の時代には輸入され、一般に用ひられるやうになつたと言はれてゐる。

春	立春	雨水	啓蟄	春分	清明	穀雨
夏	立夏	小満	芒種	夏至	小暑	大暑
秋	立秋	處暑	白露	秋分	寒露	霜降
冬	立冬	小雪	大雪	冬至	小寒	大寒

その昔、人々はどのやうに暦を作つたのかといふと、最も小さな周期として日の出から日の出までを一日（後に太陽が眞南に進んだ時を午《ひる》とするやうになる）と數へ、次に身近な周期として月の満ち欠けが單位とされた。月の周期といふのは、ただ天空での變化といふだけでなく、潮の満干などにも現はれ、人體にも影響があるものだから、すごく馴染みやすかつたのだらう。そして、月が完全に欠けた新月を朔、月の始めとし、満月を望、月の中として一ヶ月を數へる事とした。一月、二月、また一日、二日と、「月」「日」といふ助數詞を使ふのはその名殘である。

では、年は何かといふと、この「年」といふ漢字は「季」が本字で、中に「禾」のあることでも知れるとほり、稲の稔《みのり》を表す字だつた。そこから、稔から次の稔までを一年と數へたのである。

月が十二回満ち缺けを繰り返すと、だいたい同じ頃に稔の時が戻つてくるので、十二ヶ月を一年としたまではよかつたが、それでは、どうも、徐々にだけれども稔の時期とのずれが生じてくることに氣付いた人たちが、太陽の一年を計つてみると、日の差す時間が一番短く影の長い日（冬至）から次の冬至までに三百六十五回朝を迎へる事が分かつた。（月の十二ヶ月は太陽の一年より約十一日短い）。

では月のはうはどうするんだ、といふことに當然なるのだが、月は日々のことだからすごく大切で分かりやすい。ただ、一年との差は埋めなくてはならないので、いろいろ計算した擧句、十九年に七度閏月を加へて十三ヶ月としてやれば、調和がなんとか圖れることを知つた。稔の一年に合はせる努力をしながら月の一ヵ月を守る、これが中國で生まれ、日本で明治五年まで使はれてゐた太陰太陽暦である。

ただし、もうお分かりの人もをられようが、これだと閏月を置く十三ヶ月の年が二、三年に一度やつてくるわけで、同じ一月でも今年の一月と來年の一月では氣候に狂ひが生じる。同じ一月一日でも寒さが一ヶ月ほどはずれてしまふのであつた。これでは、二月下旬には畑に出よう、四月半ばには種を播かう、十月上旬には稲刈りをしようなどと思つても、年ごとに氣溫差が生じるのだから、田畑を耕してゐる人には不便きはまりない。

そこで、二十四節氣の登場となるのだつた。

先づ、先にも記したやうに冬至と夏至（二至）で太陽の一年を二等分し、次に晝と夜の長さが同じ日である春分と秋分（二分）を決めて四等分、その次に四つの中間點に立春、立夏、立秋、立冬（四立）

を立て、これで八等分となる。

ここからが關心させられるのだけれど、十二の月に八つの節氣を對應させるために、十二と八の最小公倍數である二十四を導き出し、それぞれを三等分したのだ。そこへ時節の單語を宛てがつて行く。

かうして二十四節氣が完成するといふ手順なわけである。一月一日の寒さは毎年變はるけれど、立春の寒さはほぼ變はることがない、便利な暦を手に入れた瞬間である。

注意しておいて頂きたいのは、二十四節氣とは、一太陽年を二十四等分したものだといふこと。すなはち陰暦とは別物であり、現在我々が使つてゐるグレゴリオ暦といふ太陽暦とも、ほぼ毎年合致（一日の差は生じる）するといふことである。

ただ、日本の暦では殘念ながら、明治六年のグレゴリオ暦導入とともに、農事もグレゴリオ暦でやればいいと思つたか、二十四節氣はほぼ打ち捨てられてきたと言つていいだらう。（明治期には二十四節氣を學校で敎へたとか、二十四節氣の正式な日時分は今でも國立天文臺が計測し官報に載せるなど、打ち捨てたのではないと言ふむきもあらうが、實態としては刺身のつま程度の扱ひだ）。

立春　二月四日
立夏　五月六日
立秋　八月七日
立冬　十一月七日

そして、右を眺めて頂きたい。漢字を表意文字、アルファベットを表音文字といふがごとき差が、ここにはある。二十四節氣が表意暦だとすると、數字を宛てがつただけの日本で使ふグレゴリオ暦は、味も素つ氣もない表順暦なのである。

　そして、この表意暦、その意味するところが現状や日本の置かれてゐる氣候と合はないのではないかといふ意見が出てきたのが、現代俳句協會の歳時記編纂動機であり、日本氣象協會の日本版二十四節氣提案表明といふ動きなのだ。

「ずれ」といふ感じ方、考へ方が、この動きにはあるやうだと僕は強く感じてゐる。

　　立秋は盛夏、立春は酷寒の時期に迎えるため、その時分の季節感と一致しません。

（日本氣象協會のホームページ「日本版二十四節氣」の補足説明より、傍點筆者）

といふ説明は、現代に生きる多くの日本人が感じてゐることと思ふ。このことは、六月、七月、八月を夏とした現代俳句協會編の『現代俳句歳時記』序で、

　　陰暦基準でいくと、広島の原爆忌は夏、長崎の原爆忌および終戦記念日は秋という事になる（略）そのような生活実感とのズレは、陽暦を基準とすることで解消できた。

（傍點筆者）


と金子兜太さんが記す根據でもあつたらう。（この金子さんの序文は、陰暦と二十四節氣を混同するといふ誤解を孕んでゐるが、それについては以前に「俳句」に充分書いてゐるので、今は問はない）。

　今回ぼくが不思議に思つたのは、暦の研究家や、二十四節氣に詳しいはずの俳人までが、この「ずれ」といふものを感じてをられるといふ事實についてだつた。

「俳句」八月號の緊急座談會「どうなる!? 二十四節氣」に出席なさつた三人が、皆、この「ずれ」について肯定されてゐるのである（長谷川さん、宇多さんは俳人、岡田さんは暦研究の泰斗である）。

長谷川櫂　（二十四節氣が）古代中国で成立したため、日本の実態と合わないところがあります。例えば立春は二月の初めですが、日本ではとても寒い時期です。いわゆる春とはずれている。

岡田芳朗　二十四節気はだいたい、日本でも合う。合うけれど「ずれ」がある。それを承知で、「だいたい合っているんですよ。でもちょっとずれているんですよ。だから面白いですね」という余裕、遊びというか、それがあるのがいいんじゃないか。

宇多喜代子　文化の厚さは「ずれ」から来ているのでしょう。（傍點筆者）

僕は、二月四日が立春であることを「ずれ」であると言ふのは間違ひなのではないかと感じてゐる。千數百年間もの長きに渡り『ずれ』てゐることを認識しながら皆が二十四節氣を使つてゐたのだらうか。「ずれ」といふ確認は後世、特に二十四節氣を生活の中から一度抹消し、再度その重要性を意識し始めた昨今の感じ方に過ぎないのではないか。さうではなく、日本の暦は萬葉以來素直に二十四節氣を受け入れ、疑ひを持つ事無く江戸期まで生活の中心にこれを据ゑてきた。

雪のうちに春は來にけり鶯のこほれる涙いまやとくらむ　二條の后 藤原高子《ふじわらのたかいこ》（『古今和歌集』）

などなど、それを證する文學作品は枚擧に遑がない。

では、なぜ日本は二十四節氣を素直に受け入れる事ができたのかを考へると、萬葉の時代、すでに日本が農耕型の生活をほぼ確立してゐたからだといふ假説に僕は至り付いてゐる。

その話をする前に、重要な事實を確認しておきたい。立春と立秋のころといふのが、日本の氣候ではどのやうな氣溫なのかといふことである。

『理科年表』（毎年刊行、國立天文臺編、丸善出版）に、「氣温の半旬別平年値」といふ表が載つてゐて、札幌から那覇までの一年間の氣温の推移をほぼ五日ごとに區切つて示してくれてゐる。その一部を示してみよう（左表）。この表で、立春や立秋のころが最も寒く（あるいは暑く）、それを過ぎると暖かく（あるいは爽やかに）なり始めるといふことが、科學的に立證されてゐることを確認して頂きたい。

		札幌	東京	大阪	福岡
1月 16～20日	（大寒）	-3.8	5.9	5.9	6.5
21～25日		-4.0	**5.8**	5.6	6.2
26～31日		**-4.1**	**5.8**	**5.4**	**6.1**
2月 1～ 5日	（立春）	-3.9	5.9	5.6	6.4
6～10日		-3.6	6.3	6.0	7.0
11～15日		-3.3	6.5	6.4	7.6
7月 21～25日	（大暑）	21.5	26.7	28.3	28.0
26～31日		22.3	27.2	28.8	28.3
8月 1～ 5日		22.7	27.6	**29.0**	**28.5**
6～10日	（立秋）	**22.8**	**27.7**	**29.0**	**28.5**
11～15日		22.6	27.6	28.9	28.3
16～20日		22.2	27.4	28.8	28.0

『理科年表』2012年版「氣温の半旬別平年値（℃）」
（1981年から2010年までの平均値）
より抜粋引用
二十四節氣の目安插入、竝びに最低氣温・最高氣温の太字化は筆者

そしてもつと大切な事を僕はこの表に籠めた。一目瞭然だと思ふが、大寒の次に立春があり、大暑の次に立秋がある。

最も寒い時期の直後に春が立ち、最も暑い時期の直後に秋が立つ。二千數百年前、中國の人々はそのやうに季節を定めた。そしてこの定めを輸入した日本の人々も、さういふ決め事を素直に受け入れた。最も寒い時期の後にもまだ寒い日が續く、最も暑い時期の後にもまだ暑い日は續く、そんなことは當然分かつてゐるにも關はらず、なぜまだ寒い時期に立春を、暑い時期に立秋を立てたのであらうか。これは、氣象との「ずれ」でもなんでもなく、そのやうに命名する必然性があつたのではないか。「ずれ」を言ふ人は、なぜこのことに思ひ至らないのか。

「ずれ」を言ふ人に、中國の大陸性氣候と日本の海洋性氣候の差を指摘する人がゐる。事實、「俳句」の座談會で岡田さんがその事を説明してゐた。しかし、二十四節氣の生まれた中國華北地方にある北京の月別の最低氣温を調べてみると、

　十一月（立冬）零度
　十二月　氷點下五度
　一月　氷點下八度
　二月（立春）氷點下五度
　三月　氷點下一度

となるのであつた（日本のやうに半旬別の表を示すべきだらうが、見つけられなかつた。ただし僕の示したい結論にはさして影響しないであらう）。もちろん大陸性か海洋性かの違ひから、中國より日本のはうが寒

さの頂點（夏ならば暑さの頂點）が若干遅れるのだが、大本の、最も寒い（暑い）時期を過ぎたら春が立つ（秋が立つ）といふ思考には日本と中國に「ぶれ」は無い。すなはち「ずれ」てなどゐないのである。「暖かい時期が春」といふのであれば、中國華北地方の春は三月からのはずである。しかし、中國華北地方も日本も、二月四日に春が立つのであつた。すなはち、「ずれ」を言ふ人々は、「中國華北地方の季節のずれ」をも説明しなくてはならないこととなる。

俳句祭の前夜、磐井さんの顔を思ひ浮かべながら蒲團の中で悶々としてゐる時、「峠の文化としての春夏秋冬」といふ考へ方が閃いた。

一月から二月上旬に寒さのピークを迎へる。そのピーク、峠を過ぎたら視界が開ける、春が育ち始めるのである。立秋には秋が育ち始めるのである。僕たち極東の民族はその春や秋の育ちを大切にしてきたのではなかつたか。

宇多　日本の文化の層の厚さ。（略）季節のずれや変化があればこその陰翳礼讃。

長谷川　日本人がなぜこんな繊細な季節感を持ちえたかは、中国とずれていたから。

岡田　中国とは「ずれ」があるということは知っていて合わせている。もともとがちょっとのんびりした、余裕のある国民性だから。

（傍點筆者）

文化や國民性といつた曖昧な事で中國との「ずれ」を語り、擧句、日本の春夏秋冬はちよつと變な事になつてゐるのだと肯定してしまつていいのだらうか。そうではなく、日本の春夏秋冬がきちんとした正しい春夏秋冬なのであるといふことを僕は示したいと思ふ。

「峠の文化としての春夏秋冬」について、歳時記の時候季語を眺めると面白い。

春　春めく・春兆す→春深し・春闌　直後に　春逝く
夏　夏めく・夏兆す→夏深し・夏闌　直後に　夏の果
秋　秋めく・秋兆す→秋深し・秋闌　直後に　逝く秋
冬　冬めく・冬兆す→冬深し・冬闌　直後に　冬盡く

僕たちは「春衰ふ」「春弱る」といふ言葉を持たない（夏、秋、冬しかり）。すこぶる健康的な春夏秋冬と言へる。なぜさうなつたのか、闌《たけなは》といふ峠に辿り着いたら一氣に春を逝かしめ夏の兆《きざし》を育て始めるから、衰へたり弱つたりしてゐる時分には次の季節に移行してゐるのだつた。兆から季節を育て始め、闌（峠・頂点）で、うしろを振り向くことなく一氣に終はらせる。

ここが歐洲型狩獵民族の「Season」と、極東型農耕民族の「季節」の違ひであると、僕は考へてゐる。圖にすると分かりやすいので、參考にして頂きたい（次ページ）。

極東型農耕民族の《季節》

兆を季節の初めとして含める　→　種から稲を育てるやうに
季節の育ちそのものを季節として迎へ
闌の刻が來たら
一氣にその季節の美味しいところを穫る
⟶　育ちを共有するのが「季節」

人生80年で言へば、0歳から40歳を季節とする考へ方である。
圖のごとく、縱に切る季節感とも言へる。

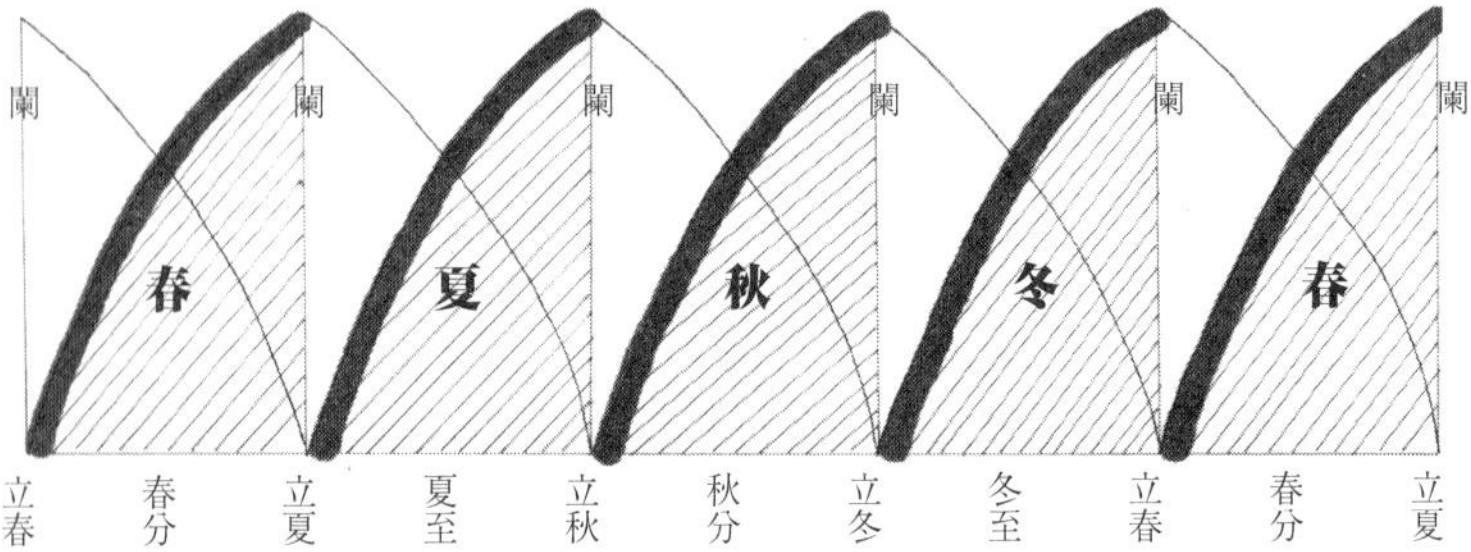

歐洲型狩獵民族の《Season》

兆はSeasonに含めない　→　山野で獸が育つのを待つやうに
Seasonの育ちを待つてから
闌の前後
一番美味しい時期をSeasonの中心とする。
⟶　美味しいところを狩るのが「Season」

人生80年で言へば、20歳から60歳をSeasonとする考へ方である。
圖のごとく、橫に切るSeason感とも言へる。

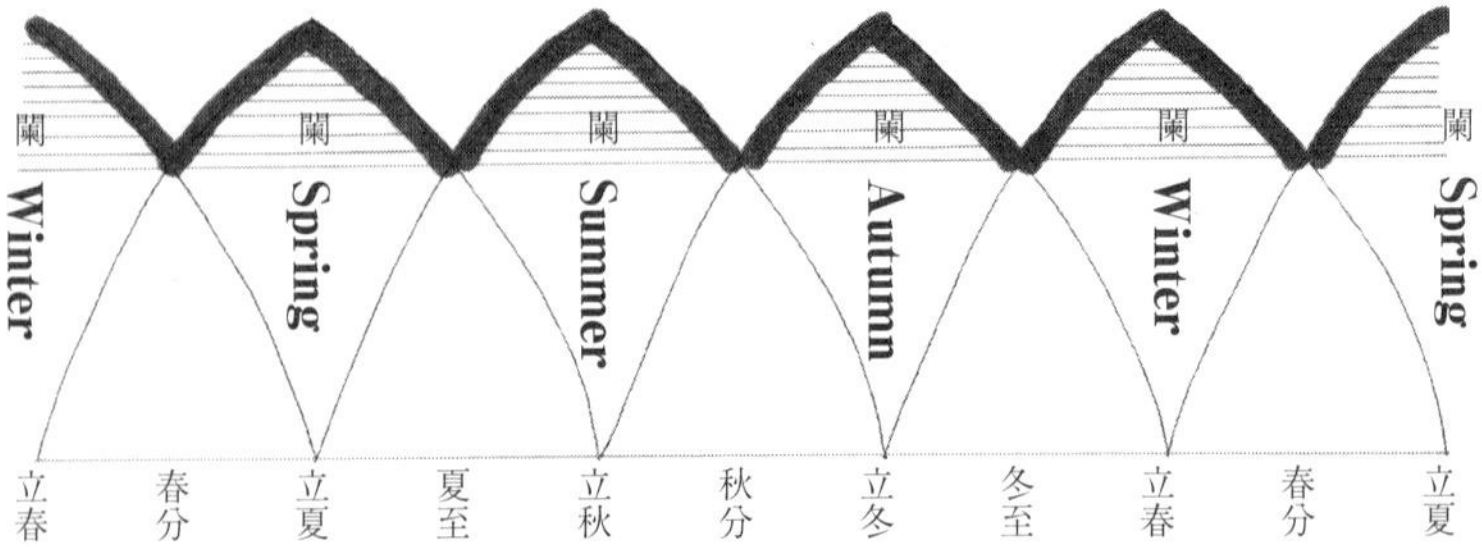

簡單に説明しておく。極東型農耕民族の、耕から收穫までといふ育てる意識の強い勞働の仕組みが、兆から闌までを一つの季節と考へさせたのではなからうか。これには、いつ勞働するのかといふことが大きく影響してゐた。卽ち、後述する日中時間との關係である。秋の闌に稻は實り、一氣に收穫して冬を迎へる。收穫までが秋なのであつて、それ以後は冬なのだ。狩獵民族の場合にはさうはいかない。季語でも狩が冬になつてゐるやうに、立冬を前後して狩は續く。田や畑といふ限られた大地に自ら植ゑ育てたものの場合には、一氣に收穫出來て一氣に冬を迎へられるけれど、野山を驅け回る獸を狩る勞働は、一氣といふ譯にはいかない。狩獵民族は、立冬以後も雪が深くなるまでは山へ入ることとなる。冬の生活に入るのも、その分農耕民族より遲れる。ただ、わざわざ育てる必要がないから、春の動きだしは農耕民族よりもゆつくりで、山菜が食べごろになつた頃からまた山に入るのだから、春分から春だとして丁度いい。逆に農耕民族はまだ寒い立春過ぎ、日が伸びてきたのを感じれば農機具の手入れをはじめ、啓蟄ともなると蟲や蛇や螻蛄たちと一緒に塒を出て、田や畑を耕し始めるのである。農耕民族の春は必然的に早い。

それを人生八十年に譬へてみた。歐洲型狩獵民族のSeasonは二十歳から六十歳で區切られてゐるのであり、極東型農耕民族の季節は、零歳から四十歳で區切つてゐるのだと。

明治初頭にヨーロッパの文化を無批判に取り入れた事、そのことを今さら責めるつもりも無いが、「Season」には「季節」を、「Spring　Summer　Autumn　Winter」にはそれぞれ「春、夏、秋、冬」を、あまり疑ひもせずに譯語として受け入れたのであらう。しかし、二十四節氣を使ふ農耕型民族の中國や日本の人々の「季節」と、全く別の暦を使ふ狩獵型民族の歐洲人の「Season」は、大本のところで考へ方に違ひがあつた。

二十四節氣では二至二分（冬至、春分、夏至、秋分）を季節の眞ん中に置いたのに對し、西洋の暦ではこの四つをSeasonの初めと考へてゐるである。そのかみ、季節の名付けが趣味的であつたはずが無い。それは必ず、生活すなはち勞働と密着してゐたであらう。その生活、勞働の基準が違ふ「季節」と「Season」を同じ物として取り入れてきた結果が、現在の日本の春夏秋冬が混亂してゐる原因であり、福澤諭吉らの拜歐主義思想で富國强兵を進める中、いつのまにか暑いのが夏で寒いのが冬だといふ勘違ひをしてしまつたのであつた。


もうお判りだらうが、夏は暑い、冬は寒い、といふのは勘違ひである。冬至、春分、夏至、秋分を季節の中央に置くとはどういふ事だつたのか。日の一番長い三ヶ月が夏、日の一番短い三ヶ月が冬なのである。中國、そしてそれを輸入した日本の春夏秋冬とは、先づ第一に日の長さで決まつてきたのであつて、氣溫で決めた物ではない。だから當然、日本と中國になんらの「ずれ」も存在しないし、それを氣溫で語るとすると、兆から闌までとなる。これを、ごく自然に、農耕民族たる中國の人々が生み、日本の人々が受け入れた。

日の長さといふのは、電氣が一般に普及するまでは、氣溫とともに切實なものだつたに違ひない。

長野を例に取ると、今年の夏至の日の出から日の入は十四時間四十分、冬至の日の出から日の入は九時間四十分と、なんと五時間もの差があるのだ。收穫が濟んでから再び田畑の準備を始めるまでの日の一番短い三ヶ月間を「冬」と呼んだ、それが極東型農耕民族の冬なのである。

しかし今の生活の中で、この日の長さ、日の短さを實感出來てゐる人はどの程度ゐるのだらうか。生活習慣まで變へろとは言はないが、時々は日の出とともに起きるといふことを實踐してみるのも惡くない。新聞の天氣豫報欄にはその日の日の出・日の入の時刻や月齡などが細かく載つてゐる。目を通す習慣だけでも、ぜひ身に付けたいものだ。今年の八月七日、立秋だつた長野の日の出は四時五十八分、日の出てゐる時間は十三時間五十分であり、收穫の準備が始まる。

ともあれ、農耕民族の四季へ狩獵民族の Season を宛てがつた事による「大きなずれ」をこそ我々は認識しなくてはならないのであつて、中國と日本の微々たる氣溫差に惑はされてはいけない。（二十四節氣に表はされた中國の氣象現象と、日本のなかでも東京や京都の氣象現象とで大きな違ひがあるとすると、「小雪」「大雪」くらひであらう）。

そして、これからの日本の四季のことを書いておくと、これは、千數百年續けてきて、日本文化の基調をなしてゐる二十四節氣の復權を、日本氣象協會や小中學校の教育現場のご努力で啓蒙して頂くことに盡きるだらう。明治以來百四十年間、我々は間違つてきたのであり、日本氣象協會の今度の提案は、二十四節氣を日本列島に住む一人ひとりが再認識するための大きな機會なのである。その意味で、僕は氣象協會の今回の提案を是とするものだ。一緒に考へませうと呼び掛けたいし、事實、小諸まで出掛けて下さつた協會の金丸努氏は、「二十四節氣を詳しくは知らなかつた。提案以後多くを學び、再認識した。現行の二十四節氣は殘します」と言はれた。

議士よ我等が土に耕すを忘るゝな　　松瀬青々

なんぞといふ戲句もあるが、まあ、俳人だけが騷いでも何も變はらないのである。シンポジウムでは天気予報士による「暦の上では秋」といふ言ひ回しを止めて頂けないかと申し上げておいた。

「Summer vacation」を「夏休み」と直譯したことが、歐洲型狩獵民族の季節感の普及に大きな役割を果たしてしまつたやうだ。夏休みの後半は「秋」なのに、明治の教育者でもある福澤諭吉らが、戰略としてこれを「夏休み」と譯したのではないかとすら思ふ。大暑（夏）から處暑（秋）までの休みなのだから「暑期休み」などの適切な語があつたらうにと、殘念でならない。日本氣象協會や小中學校の教育現場には、「夏は日が永く、冬は日が短い」といふ極東型農耕民族の春夏秋冬を取り戻すために力を貸して頂きたい。僕たちが大切にしてきた春夏秋冬の魂は、明治維新以來狩獵民族に賣り渡してしまつた。日本氣象協會の提言を逆手に取ることで、それを取り戻すことが可能となる。今、絶好の機會なのである。

【補遺】

某句會で二十四節氣の話をしたところ、仲寒蟬さんより「華北地方は稻ではなく、麥だらう。麥は仲夏の收穫だからおぬしの說とは合はぬぞ」といふ指摘を頂いた。もつともな疑問なので、調べてみることとした。

秦嶺《チンリン》・淮河線《ホワイライン》といふのがあつて、だいたい山東半島の南から西安の南を結ぶ線だから、黃河と揚子江の中間地點を想像してくれればいいのだが、このラインが稻作に必要な年間降水量千ミリに達するか達しないかの限界線であり、これより南は稻作地帶、北は麥作地帶だと言はれてゐるらしい。

ただし、これは現代のことであつて、二十四節氣が成熟する二千五百年前前後に、どういふものが栽培されてゐたのかを調べてみると、古代中國華北地方の主食は黍や稷《きび》（粟とも黍の一種とも言はれてゐる。高粱だとする說もあるやうだ）だつた。漢の時代には麥も主食の座に付き始めるが、まだ黍や稷の栽培のはうが盛んで、なにより今よりもよほど高溫多雨だつたらしく、稻の栽培も認められるといふ。

あるウェブサイトで「前漢時代の農業に関する考古資料は極めて豊富である。河南省洛陽燒溝前漢墓の陶倉と陶壷の中に、粟・黍・稻・大豆・麻・ハトムギ・高粱の殘滓が發見された。これらが黄河流域及びその北方一帶の主要農作物であることを示している」といふ一文に出會つた。（「博物館百科事典」内「黄河文明」の項。他の文獻と讀み比べると、「栗」は「粟」の誤植かとも思はれる）。

前漢の頃、まだ小麥は栽培されてゐなかつたのだらうか。この一文にあるハトムギは鳩麥で、鳩麥茶でお馴染みだらう。春に播いて秋に收穫する種、「麥」とは名ばかりで、數珠玉屬である。脫穀したものを薏苡仁《よくいにん》と呼び、効き目の高い上藥として漢方でも大切にされてゐる。當時は、炊いて粥にしたり團子を拵へたりして食つたやうだ。

さういへば五穀といふのがある。主要な五つの穀物のことだが、『周禮』では麻・黍・稷・麥・豆、『孟子』では稻・黍・稷・麥・菽。菽は豆である。けつして麥だけを作つてゐたわけではないし、ここに登場する麥も鳩麥の可能性が高く、中國で小麥が作られ始めるのは紀元前一世紀頃だと示す文獻もある（篠田統『中国食物史』柴田書店、十九百七十六年）。

紀元前の中國華北地方の農業は春蒔の穀物が主であつた、すなはち、立春とともに動き始め、立冬の前には收穫を終へるといふ周期だつたこととなる。

よつて、寒蟬さんが提出してくれた疑問は拂拭される。指摘を頂いて、新たな知識を得たうへに、自説への確信を強くした。禮を申し上げる。暦にはその時代の天文學から生活までのさまざまな視點が絡み合ふ。僕はどうも、假説を提出しただけでは終はれないやうだ。

ところで、北海道の俳人鈴木牛後さんが、北京の一日ごとの氣溫の表を見つけて知らせて下さつた。「MSN天氣豫報」といふウェブサイトである。それによると、北京の一日の最高氣溫は十二月二十五日から一月二十四日までの丸一ヶ月間の二度である。同じく最低氣溫は、一月六日から十九日の十四日間がマイナス八度で最も寒い。

一月六日から十九日といふのは、ほぼ小寒の時期に重なる。大寒よりも小寒のはうが寒いといふことが知れて微笑ましかつた。微笑ましいと書くのは、このことが大問題なのではないからである。

先づ第一にかうした數字が百葉箱の中の溫度計が示す値であつて、體感氣溫ではないといふことがある。風の强さや周圍の河や池、湖の凍り具合、また雪の積もり具合でもからだが感じる寒さは影響を受ける。僕たちには、かういう氣溫の中で古代中國の人たちが「小寒 ↓ 大寒 ↓ 立春」といふ順番を二十四節氣に與へたといふ事實を確認すればいいだけである。立春には確實に暖かくなり始めるのだから。

第二に、二十四節氣は日の永さが重要なので、あまり氣溫に囚はれてもいけないといふことがあると言ひつつ僕は、また氣溫の話をしようとしてゐる。この日の永さといふのは體感氣溫とすごく關係が深いのだ。太陽エネルギーの强さは、太陽の高度によつて强弱をつける。北緯三十五度の京都や東京では、冬至の正午の太陽の高さは地上から三十二度にすぎないが、夏至には七十八度にまで上昇する。卽ち、冬至を過ぎても周圍の氣象環境によつて氣溫はますます低下するものの、太陽エネルギーは上昇に轉じてゐるのである。「一陽來復」にはいろいろな意味が附着してしまつてゐるやうだけれど、もともとはこの冬至以降太陽が元氣を取り戻すことに由來してゐるのではなかつたか。しかし、冬至以降だつて、まだまだ太陽エネルギーは弱い。それがそろそろ強さを發揮しはじめるのもまた、立春の頃である。立春の頃、京都や東京ではすでに太陽の高度は四十五度ほどになる。

佐久では、溫度計は氷點下なのに、子どもたちがスケートに興じてゐた池の氷が緩み出すのだつた。春はそんなところにも認められるし、そんな太陽エネルギーを僕たちはいただいてゐる。古代の人たちは僕たち現代人よりも何倍も、さういふ自然の現象に鋭敏であつたことだらう。

『青々歳時記』を読む

一、新季語「桃柳」立項のこと

二千十三年の十二月から一月、二月にかけて、六疊間に蒲團を持ち込んで松瀬青々にどつぷりと浸かつた。『青々歳時記』（『松瀬青々全句集』別卷、邑書林）のための、全二萬七千句の讀み込みであつた。最終の素讀み、編纂作業をしたのは一月二十三日から二月五日までの十四日間、ちやうど二週間になる。その内容を時々刻々 facebook へ中繼していつたので、讀んで下さつてゐた方は、この二週間の僕の高揚感をまつすぐに感じ取つてくれたことと思ふ。振り返つてみると、二月一日未明に一通り素讀みの作業が終はつてゐるので、ほぼ九日間、一日平均三千句を讀み續けたことになる。

そんなことは仕事なのだから自慢話でもなんでもないのだけれど、たとへばこんなことも facebook に書いてゐる。

【桃柳】立項のこと

女の子のお祭のことなんて、なーんも知らないのだけど、どうも瀬戸内方面では桃の節句に桃の花と柳の木を葺くなどの風習があつたやうだ。ま、ともに魔除けだわな。

インターネットで調べてもあまり出てこないのだけど、柳を飾つたといふ記述や、讃岐では柳に人形を吊る柳飾りといふのもあるやうだ。

青々は、

聞説く明石は軒に桃柳

と詠んでゐる。「きくならく」すなはち「聞くところによると」だから、大阪や京都にはない風習だつたのだらう。

他にも四句、計五句「桃柳」の句があるので、これを獨立させ、立項することとした。

續報

桃の月柳はをちの田中なる

も「柳」に力點があるぞつと。「桃の月」の例句だつたけれど「桃柳」へ移動！

桃の節句の「柳」に思ひ出のある方、その風習のこと、教へて下さい。お願ひします。

すると、讀んでくれてゐたfacebook友だちのお一人が「お節句の生け花には柳と桃は入ってましたね」と返してくれた。播磨育ちなのだといふ。明石に近い。

また、『俳諧歳時記』春之部（改造社、昭和八年初版）の「柳の鬘《かづら》」の項、「古書校註」（藤井乙男執筆）といふ欄に、天明三年に版行された『華實年浪草《くわじつとしなみくさ》』の記述が載つてゐるのを見つけた。そこにはなんと「世俗上巳に柳を桃に必ずさしまじへ、雛祭にも供し、髪にも插す也」とあるのだつた（この『年浪草』の記述は、『角川俳句大歳時記』にも見える）。「上巳」は三月三日の節句と同義と思へばいい。天明三年とは千七百八十三年、江戸時代も百八十年が過ぎ、すでに爛熟期である。その頃まで、世俗一般で「柳を桃に必ずさしまじへ」て雛祭を祝つてゐたのだ。

青々の「聞説く」は明治三十八年の作。千九百五年である。『年浪草』から百二十年ほど經つただけで「必ず」行なはれてゐた風習がすつかり廢れたとは考へにくく、青々が「聞説く」とまで驚いたのは「軒に」の部分だつたらうと推測される。

あと青々には「桃柳」の句が、

桃柳立て、富みけり家の內

いめ人のふしみ忘れじ桃柳

いめ人のふしみを夢に桃柳

桃柳葺くやうり來る烏賊小鯛

の四句遺されてをり、僕は計六句を、新季語「桃柳」の題のもとに收錄した。

「桃柳立て、」の「立て、」は「活けて」ほどの意味にとればいいのだが、「きちんと立花《たてばな》の作法にのつとつて活け」といふ格式を感じさせる表現が、富家の雛祭の品を物語つてもゐる。無粋な活け方ではなかつたのだらう。

「いめ人の」二句は昭和五年の作を八年に改作したものだ。「いめ人」は「夢人」。夢に出てくる人で、時に戀ひしい人の謂にも轉じる。青々は若い頃よく伏見に遊んだ。雛の頃にももちろん遊んだだらうが、この「いめ人」に愛する人といふニュアンスを濃く漂はせる「桃柳」ではある。もつと穿つて讀むと、桃に女性（戀人）を、柳に男性（自ら）を假託してゐるとも取れる。「ふしみ」と平假名書きにしてゐるのは、青々が伏見の他に「伏水」といふ表記を多用してゐたことも一因であらう。それにしても、改作の「いめ人のふしみを夢に」には「ゆめ」が繰り返されてゐる。よほど甘やかな思ひ出があつたか、郷愁の極地ではないか。

そして「桃柳葺く」は昭和十年の作品。「聞説く」から三十年後である。「烏賊」は槍烏賊か、明石あたりでは「はり烏賊」といふらしい。「小鯛」もまた明石の名産だし、この句の舞臺設定が明石なのは明らかである。

青々は舊稿を讀み返すことの多かつた俳人で、先の「いめ人」のやうな數年經つてからの改作もその例だ。また、『青々歳時記』に載せるやうに監修の茨木和生師より指示を得た「わすれ艸」といふ句稿は、まさに「舊稿録」と名乘るもので、俳句を作り始めた明治三十年の作品を主宰誌「倦鳥」の昭和八年二月號に載せてゐるのだつた。

とすると、「桃柳葺く」の句を成した時、三十年前に聞いた「明石では雛祭に桃の花と柳の枝を軒に插すんですよ。端午には菖蒲を葺くじやないですか、あんな感じに桃と柳をね」といふやうな話と、自らがその話をもとに作つた一句が、青々の腦裡に去來してゐたとしても、何ら不思議は無い。青々は稀代の讀書家、勉强家でもあつたので『華實年浪草』は手元に置いてゐただらう。編者鵜川《うかわ》麁文《そぶん》の解說も間違ひなく讀んでゐた。

「桃柳」は『青々歳時記』で始めて立項されることとなる新季語ではあるが、古來の民の風習を踏まへ、松瀬青々が初期から晩年まで胸中大切にしてゐた季語でもあるのだ。

調べてみると、いにしへの俳人たちも、

桃柳くばりありくやをんなの子　野澤羽紅
桃柳かがやく川の流れかな　釋蝶夢
下戸ならで燒もち坂の桃柳　田上菊舍

賤が家の垣根うつくし桃柳　　正岡子規

などと、「桃柳」を句にしてゐた。青々は、子規の句は当然として、これらの句を知っていたのかもしれない。

ところで、『青々歳時記』の表紙カバーの表袖へ、「はじめて松瀬青々を讀む方のために」といふ紹介の一文を書いた。これからしばらく青々の歳時記を讀み進める。青々がどういふ俳人なのかをかいつまんで示してあるので、そこそこ便利だと思ふ。轉載しておく。

松瀬青々は明治二年四月四日に、今の大阪市東區大川町に生まれました。子どもの頃から漢詩文や漢學を學び、書の塾にも通つてゐます。算盤、數學の勉強も熱心でした。二十六歳ころから和歌・國學に興味を示し始め、明治三十年、二十八歳にして俳句の道に入ります。初入選は「ほと、ぎす」同年四月號の「課題句」でした。

「ホトトギス」明治三十二年一月號で、正岡子規が「大阪に青々あり」と讃へます。そして、子規や虚子の願ひを受け、この年九月に上京、「ホトトギス」編集員として約八ヶ月活動してゐます。大阪に戻つた青々は、明治三十四年三月、主宰誌「寶船」を創刊、大正四年に「倦鳥」と改題しますが、この雑誌が生涯の活動の場となりました。

明治三十七年から當時としては珍しい個人句集『妻木』（四分册）を刊行してゐます。

青々は毎年子規忌を修し、酬恩の氣持を示し續けましたが、虚子が主宰する「ホトトギス」とは距離を置くやうになつていきました。「ホトトギス」とは別の一派を大阪に成したのです。

教養豊かな青々にもう一つ深みを與へたものが、佛典研究であつたことは見逃せません。よく青々の俳句は主観俳句だと評されますが、それは心身一如、主客合一の深く豊かな世界でした。

昭和十二年一月九日、高石市高師濱の自宅にて死去。享年六十九でした。《月見して如來の月光三昧や》が最後に遺されました。歿後、句集『松苗』などが編まれてゐます。

また、高弟に、右城暮石、細見綾子、古屋秀雄らを輩出する指導者としての一面も高く評價されてゐます。

「桃柳」に關して、facebook にこんなことを書き足した。

今年の雛祭、ぜひ柳を桃の花に「さしまじへ」て飾つてみてはいかがでせうか。かういふ風習を樂しみながら復活させてみるといふのは、けつこう面白いことのやうに思へます。桃の花の生け方になにか決まりがあるわけでもないでせうし、そこへちよつと、柳をそへるだけでいいんだと思ふのですが……。

さて、都会に柳、あるでしよ。公園にいけばありますよ。

と。あと數日で桃の節句が巡つてくる。厄を拂ふ念を籠めて、是非桃と柳を「立てゝ」みて下さい。

【後日譚】

僕は、桃に柳を差し交へることを實際に行なつてみた。

新暦の三月三日ではあるけれど、寒い佐久といへど桃は花屋で賣つてゐる。佐久は以前には桃源郷と呼ばれた桃畑が廣がつてゐた土地で、狹くなつたとはいへ、今も桃農家が多い。春先に剪定し、その枝が二月の半ば頃からスーパーマーケットなどの店先に竝ぶ。ただし、開花前の蕾である。あれを家で美しく開花させてゐる人はゐるのだらうか。僕は毎年失敗してきた。蕾は大きくなり蕚の隙間からピンク色がのぞくまでには成長するのだけれど、やはり寒さにやられてほとんどの蕾が開花を待たずにつぎつぎと萎えてゆく。今年はなんとか多く開花させたい。とくに深夜の暖房に氣を使つた。

柳だつて、生け花に使ふだらうから、しつかりした生花店へ行けばあるだらうと、高を括つてゐたのだけれど、これがどの花屋にも無い。さういへば、町中であまり柳を見掛けない。毎日サッカーコーチで通つてゐる中學の西門の脇にあるのは知つてゐたけれど、學校の樹木を失敬するのはよろしくない。記憶を呼び覺ましてもう一箇所思ひ出したのが、野澤の中島公園。大木が池の傍にあつたやうな薄い記憶を辿り、公園へ車を走らせた。すると昨夜降つた雪の上に柳の枝が數多落ちてゐる。夕方だといふのに人の足跡が全くない。雪がさうたう深いのだ。僕は膝まで雪に埋もれながらも、なんなく柳の枝を手に入れた。雪折柳である。持參した花鋏は不要だつた。ただし、芽はまだおしなべて固い。

家に戻り、桃の枝と柳を花瓶に差し、壁掛け用の一輪插からは疊に届くほどに柳を垂らした。三月三日まで一週間、結果だけ書くと、花はほとんど咲かず。完敗であつた。柳はあつけなく枯れた。けれど、facebook に畫像をアップするなどしてゐたので呼應してくださる方も多く、自ら桃と柳をお雛樣に飾る方も現はれた。

また、實作なくして新季語なしといふ思ひから「桃柳」の句を募集したところ、仲間だけでなく facebook 關係の方々を含め、百五十句近くのご應募を頂いた。すこし紹介しておかう。「里」二千十四年五月號に全句掲載させて頂いてゐる。

磔刑の画像が壁に桃柳　　仲寒蟬

搔膝に水の廻るや桃柳　五島高資
地窓から子の這ひ入りぬ桃柳　高橋博夫
春薄三千歳草に日のこぼれ　堀本吟
桃柳ひねの酸茎にて酌めり　谷口智行
桃柳座敷童子の揺らすなり　黄土眠兎
本醸造吉田屋治助桃柳　瀬戸正洋
さざ波のやうな目尻や桃柳　中山奈々

《劍山にやなぎ挾まり桃刺さる》など、僕も十句出してゐる。また丁度その頃依頼のきてゐた「俳句」二千十四年六月號へ「桃柳」と題して十二句寄せてもゐる。

この、昔から作例のある新季語、ただ舊懷だけで復活させても意味はない。次年度以降も多くのご家庭で桃に柳を差し交へ雛に供することが實際に行なはれてこそ、本當の復活となるのだらう。青々が呉れた贈り物を大切にしたいものだとの思ひが強い。

二、「清明」の句から見えてくること

松瀬青々は、新たに季語を生んだり、古くからの季語を復活させたり、また、行事季語や忌日季語の擴充にも積極的であつた俳人なのに、一つ不思議なことがある。

それは、二十四節氣について無頓着であつたといふことだ。

二十四節氣のうち、青々が作句したものは七つに過ぎず、そのうちの四つが「立春」「立夏」「立秋」

「立冬」の四立《しりふ》であつた。またこの四立にしても「立春」「立夏」「立秋」「立冬」といふ單語を直接用ひた俳句は「立春」で一句記録されてゐるだけである。例へば『青々歳時記』の「立秋」の項に收録されてゐる四十一句にしても、「秋立つ」「秋來ぬ」「秋に入る」などの派生季語が使はれてゐるのであつて、「立秋」といふ二十四節氣の語が意識されてゐたわけではない。

一つ注意を要するのは「寒の入」といふ語である。青々にはこれが三句ある。「夏に入る」を「立夏」の傍題として收めてゐるのであるから、「寒の入」は「小寒」の傍題であるといふ考へ方は確かにあらうが、「寒の入」といふのは、小寒から大寒までを含めた「寒中」への初日だとすると、「小寒」の傍題だとするのはいささか强引ではある。なので、『青々歳時記』はじめ多くの歳時記でも、「寒の入」は「小寒」とは分けて立項されてをり、今回も「寒の入」を右の調べからはづしてある。

すると、四立以外の二十四節氣で青々が使つたのはたつた三つといふことになる。一つは「大寒」。ただし作例は、

大 寒 や 梅 を 野 山 の 日 の 障 子

の一句だけで、これは例外として數へていいだらう。

そして殘りの二つに、漸く青々の氣持が籠められてゐた。

それは、「冬至」十七句及び、「清明」十四句である。

「冬至」といふのは「一陽來復」、この日をもつて再び日が長くなるといふ大切な區切りの日であるし、今も柚子湯、冬至南瓜、冬至粥などが民の間でも續いてゐるやうに、青々は二十四節氣の一といふよりも、五節句に匹敵する大切な年中行事の日として認識してゐたのかも知れぬ。

日の筋の埃しづかに冬至かな
喜びの日ざし冬至の野中より
冬至とて男にやどる力かな

さて、「清明」である。これは、先づ「せいめい」といふ讀みからお傳へしないといけないほどに知られてゐない。日本氣象協會が「日本版二十四節氣」制定を模索（結局頓挫したが）したときの調査で、認知度は七・七パーセントだったといふから、一般の十人に一人すら知らないのである。俳人とて同様であらう。さて、何月何日頃かと聞かれて咄嗟に應へられる俳人は、二十四節氣を意識的に知らうとしてゐる一部の人だけであらうと思ふ。「啓蟄」「穀雨」「處暑」「白露」などのはうが、漢字そのものから具體としてのイメージを伴ひ易いといふことも手傳つて、俳人には馴染み深いけれど、青々はそれらの句を一句たりとも殘してゐない。それなのに、この親しみの薄い「清明」を、青々は十四句も殘してゐるのであつた。

清明の花に泊りや勞れ足　明治三十七年
清明や駕籠が行かずば脚で行く　明治三十九年
寒しくといひて清明來りけり　昭和三年
清明の旅に山行く人や誰　昭和四年
清明を雲のやうなる花に過ぐ　昭和五年

この「清明」、青々の存命の頃以前から他の俳人にもよく詠まれてゐたのかといふと、さうではない。『増山の井』（北村季吟　寛文三、千六百六十三年）から既に歳時記には登載されてゐるのだけれど、作例はほとんど無かつたやうで、『俳諧歳時記』春（高濱虚子責任編集　改造社、昭和八年）にも例句は零である。とするとこれは、青々の偏愛とでもいふべき季語なのだと言ひきつても良ささうではないか。

これからその偏愛の種明かしをしてゆくのだけれど、先づ、清明とはどういふ頃のことなのかといふ共通理解を持たう。

再び天明三年に版行された『華實年浪草《くわじつとしなみくさ》』（鵜川麁文《うかわそぶん》編）から引くと、「春分の後十五日（略）三月の節、萬物ここに至りて皆潔齋にして清明なり」とある。清明の解説に「清明なり」と書かれてもなあとは思ふけれど、さういふ時分だといふことだ。春分から十五日といふと、現今の太陽暦で言へば四月五日頃である。

さて、青々は十代半ばから漢詩文、漢學を勉強してゐる。青々の一等早い句には、明治三十年四月の滿月會での、

月 落 て 鶯 な く や 寒 山 寺

がある。これは、唐の詩人張繼（生歿未詳、七百五十年頃の人）の詩、「楓橋夜泊」、

月落烏啼霜滿天
江楓漁火對愁眠
姑蘇城外寒山寺
夜半鐘聲到客船

の烏を鶯に置き換へた翻案であらうし、「楓橋夜泊」といふこの詩の題にいたつては、そのまま、「寶船」創刊直後の青々の發表作品の題として使はれた。青々の中國や唐詩への興味と知識には、竝々ならぬも

のがあつたのである。

「桃柳」の項で書かないでゐたことがある。それは、「柳《やなぎ》の鬘《かづら》」、「細柳圏《さいりうけん》」のことである。中国唐の時代に、上巳に細柳圏といふ柳で作つた輪つか、冠のやうなもの（月桂冠を思ひ浮かべるといい）を上官が臣下に配り、それを被る事で厄除けとしたといふ風習があつたらしい。それを青々は、

臣 と し て 細 柳 圏 を 粧 ひ か な

と句にしてもゐる。青々は「桃柳」を、唐の時代以來の習俗として大切に思つてゐたのである。

清明の話に戻すが、中國では清明節というのが大きな祝日として今に傳はつてゐる。日本には傳はらなかつた風習なのだけれど、日本のお彼岸のやうなもので、春も闌、丁度良い氣候となつたので、一家で墓參りを兼ねたピクニックに出掛けるのだ。卽ち「踏青」「青き踏む」である（この風習は中國から沖繩に傳はり、「清明祭《シーミー》」として今も廣く行なはれてゐる）。右に引いた青々の「清明」五句の多くが戸外を歩く人を主人公とするのは、まさにこの、清明から踏青への飛躍であり、偶然ではない。

また、この日を迎へる前日は、「寒食《かんしよく》」といふ中國の大切な一日である。清明が冬至後百六日ならば、寒食は冬至後百五日、これも日本では見られない風習なのだが、中國ではこの日一日火を使はないで過ごす。どうも俳人といふ人種は變な物のはうへこそ興味を寄せるものらしく、「寒食」には《寒食や竈下に猫の目を怪しむ》などといふ寶井其角の戯句以來、例句はいくらでもある。

寒 食 や 竈 の 中 の 薪 二 本　　高濱虚子

もそのひとつだけれど、寒食には火を使はないといふ程度の知識から發せられた句で、其角の戯句と五十歩百歩であらうか。

青々には寒食の句が、清明十四句をはるかに越える四十一句残されてゐる。少し出さう。

かんしよくや静過たる牆の花
寒食のくれに柴焚く飼屋あり
どこともに花や冬至後百五日
海棠に風寒き日や楡柳の火
桃李火を禁じたる村の様

後ろ三句には「寒食」の語が使はれてゐない。説明が必要であらうが、これらも寒食の句である。「冬至後百五日」はずばりそのもの。「火を禁じたる」は寒食の傍題でもある「禁火」のこと、なほ、この五句目の「桃李」には注意を要する。寒食は、斷食の日ではない。前日までに料理しておいて冷めたものを食べて過ごした。その中に「桃花粥《たうくわじゆく》」や「杏《からもも》の粥《かゆ》」といふやうなものもあつたのである。

法の師や寺子集めて青飢飯

といふ句が青々にあつて、「青飢飯《せいきはん》」で『青々歳時記』に立項したのだが、當初、何の事だか皆目判らなかつた。和生師に尋ねたものの師にも判らない。宇多喜代子さんにも聞いて下さるなど苦勞した擧句、漸く突き止めてファックスで教へて下さつた。僕はそれを次のやうに纏めてゐる。

中國、蜀の人は寒食節が來ると、楊桐草（石楠のこと）のやはらかな茱を採つて、つややかな青色に飯を染め、これを食べたと傳はる。この飯を青飢飯といふ。楊桐草を茶にして飲むと風邪が治ると言はれてもゐた。

これもまた、寒食の食べ物なのであつた。

四句目に「楡柳の火《やうりうひ》」といふのが出てくる。『角川俳句大歳時記』では傍題からは外れてゐるものの、「考証」の中で示されるので、今の人も目にする事は出來る。ただ「『増山の井』以下に所出。多くは『楡柳の火を賜ふ』として掲出」とあるだけで、何のことだかは知れない。これは、先に示した上巳に於ける「細柳圏」に通ふもので、寒食の日の終はりに上司から火を賜はつた臣下は、翌朝その火で食事を成した。その火が楡柳の火である。楡や柳で小さな松明を作つたのであらうか。厄除の火だ。またその火で作つた辨當をもつて踏青《たふせい》に出掛けたとも傳はる。青々には「踏青」の句もまた、

踏青のはぐれをのせつ渡し舟

踏青に血を流し喧嘩してゐたり

など、十一句遺されてゐる。ただ「踏青」の句に限つて言へば、《ジャガタロ文よみし思ひを踏青す》といふ少し意味の取りにくい、異國を意識した句はあるものの、中國の風習へ思ひを馳せた句はない。もう一つ、寒食で思ひ出される中國の風習で、今やその由來がすつかり忘れ去られながら季語として生き續けてゐるものに、鞦韆《しうせん》がある。ブランコである。

ふらこゝに反吐つく思ひ楚地の花

ふらこゝや少し汗出る戀衣

藤つゝじ妹がふらこゝ掛りけり

鞦韆にこぼれて見ゆる胸乳かな

ふらこゝにふともゝ肥ていとけなき

鞦韆といふのは、もとは、中國の宮中で、寒食の日にこれを作り、「士女」とか「宮嬪」と書かれて

ゐるので、宮中の女官たちであらう、女が遊んだ遊具であつた。そして、青々の鞦韆も、一句目の「楚地の花」（行脚僧のこと）以外は若い女性が意識されてゐる。

青々が清明の句を多く殘してゐるのは、何も二十四節氣の一つとしての「清明」を詠まうとしてゐたからではなく、若い頃から親しんできた漢詩文や、二十八歳になつて始めた俳句の世界で出會ふ古歳時記の中の清明とその周邊に匂ひ立つ中國古來の風習に興味を覺え、その世界を俳句といふ詩型に表現せんとする慾求に驅られたからだつたのであらう。

ここに、僕たちへの大きな教訓が潛んでゐる。清明といふ季語の作例の多さから僕は語り始めたのだけれど、清明―寒食―踏青―鞦韆と、また、今回深くは語らなかつたけれど、楡柳の火―細柳圈の柳からは、清明―上巳といふ繫がりも見えてくる。

今年の上巳（陰暦三月三日）は四月二日であり、清明は四月五日である。清明が陰暦三月の節（上半期）である事を思ひ出せば、これは驚くことでもないのだけれど、この二つの晩春の行事・習俗にも深い處で繫がりがあるのであらう。事實、「踏青」については上巳には上巳の踏青を、清明には清明の踏青を、それぞれ關係づけて語られるのであつた。

僕たちは、一つの季語をその單語だけから理解し使つてゐないだらうか。僕たちが使ふ言葉に重みをもたらせる手段は多々あるだらうけれど、言葉そのものの意味の持つ重層性への理解を深めるといふことも、その方便の一つである。

歳時記を細部まで讀み、例へば「靑き踏む」を「野遊び、ピクニックと同じく、春の行樂の意」（『角川俳句大歳時記』の解說のごく一部）といふ所だけで滿足するのではなく、是非、上巳や清明との關連の中でこれを捉へた上で使ふ事、その大切さを青々は今に教へてくれてゐる。

三、「佛生會」は春か夏か

灌佛やつゝじ二束の朝しめり　　明治三十九年

『華實年浪草』に、「灌佛　浴佛　佛生會　龍華會　佛ノ產湯　甘水　五香水」として出てゐる灌佛會は、夏の季語であつた。

四月八日　凡そ諸寺院灌佛會を修す　諸品の花を以て小堂を飾る　花堂と謂ふ　其の內に小さき釋迦像を安ず　而て《しかうし》　甘草等の香水を灌《そそ》ぐ也

が解說の書き出しである（訓點付の漢文表記を讀み下し文にして引用、振り假名は筆者が補つた）。難しくはないであらう。四月八日に寺々では灌佛會を修し、いろいろな花で花堂といふ小さなお堂を飾り、その中へ小さな釋迦像を安置、甘草などを用ひた香りの水をそそぎかけるのだ、といふ說明である。

もう少し引いておかうか。續けて、

事文類聚佛運統記に曰く　周の昭王二十四年甲寅四月八日　中天竺國　淨飯王の妃摩耶氏太子悉達多《シッダールタ》を生す

とあり、なほさまざまな經典（「浴佛功徳經」などといふそのものずばりの名のものもある）を引用して四月八日佛誕を說いてゐる。また、古代中國の曆に三通りの正月があつたことから、現代（「年浪草」刊行の江戶期の曆、また、現今の舊曆である）の四月八日でいいのかといふ議論があつたらしいことが記されてゐるのは、愉快だ。「周の昭王二十四年甲寅四月八日」が佛誕の日だとすると、「周正」といふ曆が使はれてゐた可能性がある。周正四月は今で言ふ舊暦（これは夏正といふ暦である）二月に當たるらしく、二ヶ月早まつてしまふ。

今ノ四月八日ヲ用ルハ　夏正ヲ用テ翻釋者ノ定ル處ナリ　周正を以て推スベカラズ

經典を譯した者は夏正を用ひたのであつて、現行（舊暦）の四月八日でいいのだと、強い口調で言つてゐる。（この箇所は引用ではなく編者の考証部分で、右の通り漢字と片假名で記されてゐる）。これを證するのに釋迦の死んだ日（佛滅）の傳はり方との比較がされるなど、二百五十字以上が費やされてをり、鵜川《うかは》麁文《そぶん》といふ編者の教養の深さと見識が見てとれるので興味深いところだが、話を本題へ進めねばならない。

今年の四月八日、facebook はさまざまなお寺の誕生佛や花御堂の寫眞で溢れた。でもこれ、新暦の四月八日であるといふことを、僕たちは忘れがちではなからうかといふことが、氣になつて仕方なかつた。頭に置いた青々の句を讀み返してほしい。二束の躑躅が朝露に濕つてゐる。新暦の四月八日では、躑躅に若干早からう。青々は舊暦四月八日の佛生會を意識し、修してゐるのである。

『青々歳時記』には、「佛生會」の項に二十八句納められてゐる。今讀みなほすと、その中に「つつじ」の句が右記以外にも四句、花期が半月は遲い牡丹の句も一句ある。

けふ灌佛一日牡丹にゐたりけり　昭和五年

長野縣に住まひしてゐると、京都や東京の花期との隔たりを感ぜざるを得ないけれど、それでも新暦の四月八日に牡丹は咲いてゐまい。この句もまた、舊暦の佛生會である。

灌佛は野山を花の屋形かな　昭和十一年

といふ最晩年の句もあつた。この句は山野そのものを花御堂に見立ててゐて見事だ。そして、この句の前には「端午」の前書になる《よべに取り清く洗ひし槲《かしは》の葉》があり、作句時期が端午以降であることが分かる。直前には《小づくりにつゝじの堂を山寺に》が置かれてゐる。「野山を花の」の句と同時同所での作であらうか。

話は逸れるが、この二句、俳人の心の遊ばせ方を示してくれてゐる好例のやうに思ふ。先づ「小づくりに」といふ實景を摑み取る句が書かれてゐる。ものを見るといふことの大切さは、子規に學んだ青々の俳句に生涯貫かれてゐるものだ。「寫生といひ寫實といふは實際有のまゝに寫す」といふ明治三十三年の子規の言葉が殘つてゐる。それを實踐した句の先に《灌佛は野山を花の屋形かな》が書かれる。これは、「實際有のまゝ」の句ではない。すなはち「子規の寫生」から逸脫してゐるのだけれど、子規はまた、次のやうにも言ふ。「草花の一枝を枕元に置いて、それを正直に寫生して居ると、造化の祕密が段々分つて來る」と。

「野山を花の」の句は、子規の言ふ「寫生」の先に開く「造化の祕密」に触れ得た句なのだといふ氣がしてくる。

青々俳句は「主觀俳句」であると評される。主觀と聞くと、それを客觀と主觀の二項對立の中で考へたり感じたりしがち（實際に虛子の變遷を「主觀寫生」「客觀寫生」といふ二項對立の中で論じてゐる文章は多い）だけれど、さう單純ではないだらう。青々の「主觀」は「客觀」と對立するものなのではなく、子規の言ふ「寫生」の先にある「造化の祕密」に已れを沒入した時に得られる俳句作りの境地のことだ。青々に、句が主觀的に徹底するとは作者の性靈がそこに宿る事である、句に魂の入る事である。

といふ言葉がある（大正十年一月の言葉、『倦鳥卷頭言集』倦鳥社、昭和十二年）。子規の遺したさまざまな言葉から正確に考察しないことには子規の「寫生」といふ言葉を間違ふがごとく、青々の「主觀」もまた、青々のさまざまな言葉からその意味するところを正確に捉へない事には、とんでもない誤解を生じることとなるだらう。

ところで、《小づくりにつゝじの堂を山寺に》は『青々歳時記』で「花御堂」の項に分類し、「春」なのだけれど、實際の作句時期から見ても舊暦の佛生會であつたことは明らかなのだから、「夏」でなくてよかつたのかといふ忸怩たる思ひが僕にはある。青々の佛生會は、夏であつた。

改造社の『俳諧歳時記』（昭和八年）は、苦肉の策を採つてゐる。高濱虛子責任編集の「春之部」にも、青木月斗責任編集の「夏之部」にも「佛生會」が立項されてゐるのだ（共に三百三ページに掲出といふ偶然はご愛嬌）。そして、「春之部」には「關西では一ヶ月遲れの五月八日に行つてゐるところもあり、田舍では今尙陰暦四月八日に行ふ向も少くない」と、「夏之部」には「近時陽暦を用うるあり」と、各々の「季題解說」に記されてゐる。氣になるのは「關西では月遲れ」といふ「春之部」の記述だ。季題解說は虛子自身が擔當してゐる。現在はどうなのかと調べてみると、東大寺、金剛峯寺、法隆寺、興福寺、唐招提寺、東大寺、智積院、清水寺などは四月八日であり、京都の行事カレンダーもまた、四月八日に「各寺院　花まつり」と記してある。北攝の清荒神は五月八日にやつてゐるやうだし例外はあらうが、「關西では月遲れ」といふ言ひ方はすでに時代に合はぬものになつたといへよう。

ただ、花御堂に飾られる花のことを思はなくてはなるまい。青々の句に躑躅が多かつた。躑躅は歳時記では春分類であるけれど、晩春から初夏に掛けて咲く花だ。躑躅から思ひ起こされるのが「てんと花」である。先の「野山を花の」の二句前に、かういふ句がある。

八日とは勿體なしや鯛買ふて

この八日とは、「卯月八日」のことで、僕は、これは夏季から外せまいと思ひ『青々歳時記』で「花祭」を夏に立項し、その傍題として「天道花　八日花　卯月八日」を加へ、

一般の佛生會（四月八日）とは別に、月遅れ、または陰暦卯月（四月）八日に野山に遊び、山の神を田へ迎へる風習がある。門口へお迎への爲に初夏の花を飾つた竿、天道花を立てたりもする。

といふ解説を附した。

卯月八日つゝじ乞取る金福寺

四ヶ月の花の如來のお弟子かな

み佛にさせる牡丹や究竟頂

小城下や四五本よりしてんと花

八日花ひさぐ堅田の女哉

卯月八日佛一人を世に得たる

が他にある。別項で立てた「花の撓《とう》」もまた卯月八日の民間行事で、佛生會と時節の生活習慣が絡み合ひながら生まれた風習であつたのだらう。花の撓は花の塔とも書かれ、熱田神宮を中心に尾張、三河でいまも五月八日前後に熱く續いてゐるし、八日花の風習も各地に殘る。

そして、てんと花、『青々歳時記』では「天道花」の字を宛てたが、「天童花」の字も使はれるらしく、『角川俳句大歳時記』では「奠頭花」といふ宛字が採用されてゐた。このてんと花、『俳諧歳時記』『角川

俳句大歳時記』ともに「竿躑躅」の傍題となつてをり、躑躅こそがてんと花の大切な飾り花であることが知れる。

　鵜川麁文が佛生會とは何時なのかといふことを『華實年浪草』で拘つていたことに、改めて注目したい。麁文は、（舊暦）四月（夏）なのであつて、二月（春）ではないことを「證ナリ」とまで書いて立證してゐる。僕は今、（新暦）五月（夏）なのか四月（春）なのかを、『青々歳時記』を讀むことで改めて問はれてゐる。勿論、寺々までが春四月八日に灌佛を修すやうになつてきてゐる時流に、無力な俳人一人が逆らへるわけもないけれど、佛生會の行事に會うた時に釋迦は初夏に生まれたのだといふことを心中深く觀ずるといふことは出來る。さういふこともまた、青々の言ふ「主觀」であらう。「性靈がそこに宿」り「句に魂の入る」準備として大切なことであると心得たい。

四、季語の重層のこと

　松瀬青々の句を讀んでゐて面白いことに、謂はゆる〝季重なり〟の句にやたらと多く出會ふといふことがある。

　最近の總合誌の特集や、巷にあふれる入門書を眺めてゐると、タブーだとか禁止事項のなかに必ず〝季重なり〟が入つてゐる。句會では、採れなかつた理由を語らせられる場合もままあるが、「季重なりだつたから」と、それを理由に句にそつぽを向けてしまふ人もゐるくらゐだ。季重なりとはそれほどに忌み嫌はれなくてはならない事なのだらうか。

　その事を考へる前に、季重なりの重要な定理を記しておかなくてはならない。

大瀧を北へ落すや秋の山　　夏目漱石

季節は異なるものの「瀧」と「秋の山」が詠み込まれてをる。よつて、これは季重なりである、とする讀みは間違ひである。といふのは、漱石が俳句を作つてゐた明治から大正の初期、「瀧」はまだ季語として定着してゐなかつた。だから當然、漱石には季重なりの意識は毛頭なかつた。證しする事實として一つ上げると、『青々歳時記』には「瀧殿」「瀧見」の句は計九句あるものの、「瀧」の句は一句もないのであつた（青々の作句年は昭和十二年一月までである）。また、明治四十一年に初版が出、大正六年に増補された『俳諧例句新撰歳事記』が面白く、僕の持つてゐるのは増補二十八版（大正九年）だが、目次に「瀧」が立項されてゐるにも關はらず、本文に「瀧」の項目がないのだ。事情は知れぬものの、この邊りがちやうど過渡期であつたのかも知れぬ。

神にませばまことうるはし那智の瀧　　高濱虚子

は昭和八年の作だし、

瀧の上に水現れて落ちにけり　　後藤夜半

はその四年前、昭和四年の箕面の瀧であつた。

作品が作られた時代に季の詞、季題として認知されてゐた二つ以上の題が入り込んでゐる句が季重なりなのであつて、今の時代の歳時記に季語として載つてゐる題が二つ以上使はれてゐるからといつて、過去の作品へ遡つて季重なりだと短絡してはいけない、といふことは、大切なことである。

芭蕉が「俗語を正す」といふたことも影響したのかもしれないが、近世中期以降、季語の數は急速に増加した。その是非はともかく、例へば今最も信頼度の高い『角川俳句大歳時記』（全五巻、二千六年）（江戸期からある題について、一題一題過去の歳時記などの考証が付されてゐるので、そこを讀むと季語に對する認知度が格段に増す。少々の出費は覺悟してでも常備なさるべき五巻本である）の各巻に付されてゐる「目次」に載る季語數をかぞへてみると、春千百九十八題、夏千五百六十二題、秋千百三十八題、冬九百十二題、新年五百三十一題で、合計五千三百四十一題にもなつた（「新年」の巻には傍題を含めた百五十一ページに及ぶ「総索引」が載る。數へてみると一万八千題を超えたが、以下の記事との比較の爲に、主題の數五千三百四十一のみをここでは意識していただきたい。また「ななかまど」が題で「七竈」が傍題といふ變な例もあるので、副題を含めた實數は少し減るものと思はれる）。

この歳時記「新年」の巻には、宇多喜代子さんと筑紫磐井さんの貴重な歳時記論が載つてゐて、双方、俳人必讀の論考なのであるが、そのうち、磐井さんの「歳時記と季語の歴史」に近世歳時記の題（敢て「季語」「季題」と書きたくないのは、江戸期には「季の詞」「季節の題目」などの言葉が使はれてゐて、「季題」「季語」といふ單語が生まれたのが明治以降だといふ事情があるからである）の數が記されてゐた。

> 室町時代の二条良基の連歌書『連理秘抄《れんりひしょう》』には四十題ほどが掲載されたに過ぎないのに、江戸時代に入ると俳諧の初期の季寄せ『はなひ草』が五九〇題を掲載し、後期の曲亭馬琴著（藍亭青藍補）『増補改正俳諧歳時記栞草《しおりぐさ》』では三四二四題が掲載されるに至る。

と、そこにはある。「栞草」の江戸後期（千八百五十一年刊）から『角川俳句大歳時記』の平成初期（二千六年刊）へ至る百五十五年で、千九百十七題、一、五倍強といふ驚異的な増加を見せてゐるのであつた。

そして「栞草」に「瀧」は季の詞となつてゐない。

『角川俳句大歳時記』の目次を眺めてゐて驚いたことの一例に、「ブラックバス」までが夏の季語として登録されてゐることがある。守屋明俊さんの執筆する「解説」を讀んでも、なぜブラックバスが「夏」なのかは示されてはゐなかつた。こんなものまで登録するのだから、季語數が増えるのも當り前ともいへるが、僕が提案してゐる「ゆきあひ」や「桃柳」は勿論、これから紹介する「梅柳」「男郎花女郎花」といふ季語は登載されてはゐない。ブラックバスとの重要度については、言を俟たない。

さて、『青々歳時記』を繙いてみよう。

秋の水のかなたに立る案山子哉
胡麻畑に人のやうなる案山子哉
花蕎麥やもとの團扇は驚かし
新豆腐湯にこそ入れめ菊の宿
柿畑を通つて行くや菌狩
銀河傾きうしろあばらの踊かな

秋の句から苦もなく抜いた六句なのだが、これらは全て、先の漱石の句とは違つて、明らかに季重なりの句なのであつた。

今は特に青々の句のみ抜いたのだけれど、季重なりは、大正、昭和初期頃まで、決して禁止事項でもタブーでもなかつたのである。『一冊の「鹿火屋」――原石鼎の憧憬』（岩淵喜代子　二〇一四年、邑書林）といふ石鼎の昭和期に光を當てた本をパラパラ捲つてゐても、

かやを吊るつりてつくりぬ窓若葉　　原　石　鼎
雲赤く雷光みだれ梅雨おこし

神靄の炭火に凝つて風爐名殘

などと幾らでも出てくる。

行秋をしぐれかけたり法隆寺　　正岡子規

萩刈りて蟲の音細くなりにけり　　高濱虛子

稲架かけて飛驒は隱れぬ渡り鳥　　前田普羅

ねむる間に葉月過ぎるか盆の月　　飯田蛇笏

栗一粒秋三界を藏しけり　　寺田寅彥

この五句は『角川俳句大歳時記』からの引用なのだけれど、五句とも青々句に劣らぬ堂々たる季重なり俳句である。

俳句は短い。だから一物に焦點を定め季語が元來持つてゐる範疇の廣さを拠り處として、一氣呵成に書ききることが求められる。それがたぶん、近年の入門書どころか、ベテランの俳人たちにも浸透してゐる、信仰にも近い俳句作法なのであらう。その事を否定はしないけれど、だからと言つて、季重なりを禁忌としてしまふといふのは、いかにも極端な話なのではなからうか。右の用例などを眺めてゐると、さう思へてならない。

大空にまたわき出でし小鳥かな　　高濱虛子

といふ著名な句がある。「大空」と書き出して（たぶん雲一つだにない快晴の）大景を思はしめておき、その中へ一群の小鳥が再び現はれ出でた焦點の當て方の見事な、一物仕立による寫生句の傑作と言つていいだらう。

しかし、この句、讀めば讀むほどに一幅の繪としては平板なのである。もちろん、言語藝術としての奥行は判るし、澄み切つた空の深さや、一群の小鳥の高さ、廣がりも俳句鑑賞を多く經驗してゐる人には感ぜられるだらうけれど、さて、俳句を普段讀まぬ人、また、初心の人たちは、この句から秋爽の氣を感じることができるのだらうか。この一句に醉ふことが出來るのだらうか。「素敵な句ですねえ」と言ひながら、內心「俳句とは何と淡泊なものであることよ」と思はれて仕舞ふのではないか。

専門俳人に叱られ、呆れられ、改惡と罵られることを承知で、

櫨紅葉また湧き出でし小鳥かな

としてみようか。すると、俳句が一氣に立體的になり、重層性を帯びてくる。眼前の櫨の鮮やかな紅葉から里山が展け、一轉、天空に小鳥の群が湧き廣がる。

この手法は、言はば、季語と季語の二物衝擊だ。それが、明治、大正の頃、いや、昭和の中期までは大きな疑ひを持たれることもなく行はれてゐたのである。のびのびと俳句が作られてゐた時代であつたと言ひ換へてもよい。石鼎、蛇笏、鬼城、普羅らに代表される大正俳句、その背筋の伸びた大きさの鍵を解く謎がここに隱されてゐるとまで思ふ。季重なりが鍵だといふてゐるのではなく、俳句に對する許容量の大きさを思うてゐるといふことだ。それが昭和の後期、カルチャーセンターが盛んになり、未だ一家言すら身に着けてゐない程度の人までが講師をするやうになつて、一氣に季重なりは「惡」といふ烙印が押されたのではなからうか。

『青々歳時記』の「春」で僕は「梅柳」といふ季語を立項した。

「梅柳過ぐらく惜しみ佐保の內に遊びしことを宮もとどろに」(萬葉集)、「數へ來ぬ屋敷屋敷の梅

柳」（談林一字幽蘭集）など、古來、梅が咲き柳が芽吹く景色に春の進みゆく早さを感じてきた。青々はこれを多用してゐるので、特に立項する。

と解説した。

時とは移ろひ、景とは廣がるのである。俳人の目がそこに二つ以上の季語を確認することは自然なことなのであつて、さして異常なこと、禁じねばならぬことでもない。それを一句一季語でなくてはならぬといふことをまるでテーゼのやうに振りかざすことのはうが、餘程不自然ではないのか。

一句一季語を金科玉條とすることは、俳句の世界を狭めてしまひはしないか。俳句から時間や空間を奪ひさりはしまいか。平面的な句の量産へと、俳句を歪め、堕落させはしまひか。

行く水や柳の伏見淀の梅　　青々

梅はさめて夢の最中の柳哉

柳より白く梅よりみどりなり

青々には「梅柳」の句が十九句認められる。「行く水や」の句の旅程（すなはち時空の廣やかさ）、「梅はさめて」の句の人生七十年をも感じさせる長久なる時間（事實は梅は開いたのにまだ柳は芽吹かぬと言うてゐるだけなのに）、「柳より」の句が示すゆつたりとした、確かな觀察眼による諧謔、どれも「梅柳」といふ、今は忘れ去られた（少なくとも『俳諧歳時記』や『角川俳句大歳時記』には不記載）萬葉時代からのやまと言葉を俳句に活かし、大自然に人が感ずる廣く豊かな時空を届けてくれる名吟である。この作品世界は、一句一季語をテーゼとする人がどんなに抗辯したところで、「梅」一季語、「柳」一季語では決して生み出し得ないであらう。

もちろん僕は「梅柳」といふ一つの季語としてこれを立項したのであり、季重なりの論とは若干の齟齬があることは判るが、青々の三句はすべて「梅柳」といふ單語ではなく、「梅」と「柳」の季重なり句となつてゐる。

これ以上の論考は國文學者の領域、僕は「梅柳」といふ萬葉以來の言葉のあること、それを青々が好んだこと、そこには季語の重層性による俳句のさらなる可能性が見えることを示すに留めて、次の例へ移ることにする。

『青々歳時記』には「梅柳」や雛の節句に合はせて話題にした「桃柳」以上に愉快な普段目にしない季語を立項してゐる。「男郎花女郎花」である。別々ではなく、二つで一つの季語とした。これも解説を引いておく。

男郎花と女郎花は同屬異種で、男郎花は白花を、女郎花は黄花を群れ咲かせる。また、ともに敗醬と呼ばれ、漢方藥にもなる。ただ、文學上では女郎花が萬葉以來詠まれ語り繼がれてきたのに對し、男郎花はほとんど登場しない。一句に双方を同時に詠み込んで戀をさせた青々の遊び心を思ひ、これを立項する。（以下略）

例句は六句に過ぎないものの、多年に渉つてゐることが面白い。作品の多寡ではなく、青々は終生、女郎花を見ればその對（戀の相手として）の男郎花を、また男郎花を思ふときにはその逆を脳裡に思ひ描いてゐたのである。

一人居やさす女郎花男郎花

女郎花の香に頭痛する男郎花

煩悩を力男郎花女郎花
歌の國の野に男郎花女郎花
隔てなき野の男郎花女郎花
女郎花に少しく若き男郎花

數も少ないことだから全句引いておいた。一句としてみれば二級品ともいへないけれど、しかし僕はこの青々の遊び心を敬して已まない。青々の側から言へば戯句といふことになるのだらうけれど、俳句の側からいへば、遊べなくしてどうして俳の人たり得るのかと問はれてをるといふことにもならう。

そして、男郎花だけを詠むのではなく、また女郎花だけを詠むのではなく、共に一句に納めることにより、原野の中の雑草の在り方までが濃密に見えてくるし、二つの花が戀に落ちるといふことも出來た。

遊び心といふのは、たぶん文藝の中でも相當高度な庶民精神なのではなからうか。〝ふざけ〟といふ言葉を使うてもよい。俳の精神とは何ぞやといふことを充分に理解する大人が、人と自然の中に人の小ささを感ずる時、その人の心を諦念が占めるだらう。この諦念と遊び心は必ず繋がつてゐる。人生観照と自然觀照の融合の末にこそ遊び心、戯れは發現するのであつて、青々の遊び心もまた、本當はさうした高度な精神性の裏打ちあつてのことなのであらうとは思ふ。ただし、あまりこの邊りを書いてしまふと、俳句が難しくなりすぎる。

女郎花蝶一双を引得たり
我宿や白氏文集男郎花

かうした佳吟を自然と生み得る青々であるからこそ可能であつた「男郎花女郎花」といふ季語である

といふ事を、ゆめゆめ忘るるなかれ。

一つだけ、けふ得た俄知識を披瀝しておかうか。

『新潮國語辭典』でパラパラ遊んでをつて「生《き》直《す》く」といふ見知らぬ單語に出會つた。「眞正直。素朴。」とある。これはいいのだけれど、次に使用單語（凡例で「複合語」と呼ばれてゐた）として「生直人《きすくびと》」といふのがあり、そこに「まじめで無風流な人。」（傍点筆者）とあるのであつた。今の俳人、生直人が多すぎて遊びが足りないのでは、とは思ふ。生直人には、一俳句一季語と敎へたがる人が多さうだし、一俳句一季語と一度學べば疑ひすら抱かずに終生それを玉條とする性格の人もまた多さうだ。

俳句は簡單な方がよい。知り得ない人は知り得ぬままに遊べば良いのだし、知り得る人の俳句は、本人も氣付かぬうちに深き遊びに嵌つてゐるものであらうとも思ふ。

「里」第一回句會（十五年前になるのか）の僕からの檄を思ひ出してゐる。曰く「俳句を學ばないで下さい」。敎科書通りに俳句を作らんとする生直人に、過去、面白い俳人は一人もゐない。

五、幻に挑む青々

寒 苦 鳥 つ ら ゝ に 翼 振 ひ け ん　松瀬青々

この句の季語は「寒苦鳥」。「かんくてう」と讀む。『角川俳句大歳時記』の「寒苦鳥」の項の「考證」が敎へてくれる『誹諧絲切齒』（寶暦十二　千七百六十二年）といふ歳時記の実物をインターネットで確認すると、「俳諧にては只寒に苦しむ鳥と心得へし」とあり、讀んで字の如くに素直に受け取ればよいやうである。何鳥と決めがあるわけではなく、鳥一般を差す。ただ、次の點は用心に越したことはない。

「寒」の字を冠る鳥といふと僕たちに馴染み深い季語として「寒雀」「寒鴉」がある。「ふくら雀」といふと、寒さを防がんと羽根を膨らませて丸々と肥つて見える雀のことだし、凍雀といふ傍題もある。また、鳥一般を差して「寒禽」といふ言ひ方もする。これには、いかにも寒さうな「かじけ鳥」といふ俳諧的で僕の好きな傍題が付く。他にも『角川俳句大歳時記』の冬をめくると、「寒雁」「寒の鵙」「寒鷺」「寒雲雀」と四種の鳥が「寒」の字を冠つてゐた。また寒ではないが「凍鶴」といふ季語も知られてゐるだらう。『青々歳時記』を繰ると、次のやうな句たちに出會へる。

秋篠や聲〴〵つる、寒鴉　　松瀬青々
寒雀氷の珠を啄みぬ
寒禽や落る葉盡きし寺林

寒鴉は二句、寒禽は一句だが、寒雀は十五句を數へる。

鵙は秋、雁は晩秋、鷺と雲雀は春、鶴は今でこそ冬と認定されてゐるが、もともとそれだけでは季の詞ではなかつた。[註1]

しかし、例へば鷹や鷲や梟、鴨や鴛鴦や千鳥など、元來冬季である鳥には「寒」を補ふことをしない。雀や鴉といつた留鳥類、又は冬季以外の鳥たちが寒さに身を縮めてゐるからこその「寒」の一字なのである。鶏もここに含められよう。曲亭馬琴の『俳諧歳時記栞草』（嘉永四　千八百五十一年）には「霜の鶴」の解説として「寉は霜に苦しむものなり」とある。

と、ここまで寒の鳥のことを記してきて氣付くのは、冬を本領としてゐない鳥たちは、寒季、當然寒々しくをるのだから、苦しんでゐるやうに見えるといふことだ。では「寒苦鳥」の「苦」とは蛇足、餘計な一字ではないのかといふ氣持ちになるであらう。

種明かしは、『誹諧絲切齒』の文言の中にある。「俳諧にては」とある、引用した書き出し部分。といふことは、俳諧以外では違ふ意味があるといふことだ。そこを探らねば、「寒苦鳥」の本來の味が出て來ない。ただ寒くて苦しんでゐる鳥を詠むのであれば「寒禽」「かじけ鳥」を使へばいい。「苦」の文字まで含めて、またなぜ「かんくどり」ではなく「かんくてう」なのかといふことまで思ひを致さなくては、この言葉、この季語を使ひこなせない。「絲切齒」に牙を剝く譯ではないが、「ただ寒に苦しむ鳥と心得るべし」といふだけでは甘し、といふことだ。「絲切齒」の著者千葉春耕も本來の意味は知つてゐた。ただし、それは「予が師說には諸書にかくあれともそれは天竺の事也。俳諧は日本のもの也」といふ前提で書かれてゐるのであつた。そして、「天竺の事」について、

此鳥吾朝及中華朝鮮ニモナシ。佛經ニ說タリトソ。天竺印度《ヂクインド》ノ境、大雪山ニ鳥アリ、名付テ寒苦鳥と云。此鳥、夜ル寒ニ苦ミテ鳴テ曰、寒苦《カンク》身ヲ責《セム》、夜明《アケ》ナバ巣《ス》ヲ造《ツク》ラン。明テ又鳴テ曰、今日不レ知レ死、又不レ知二明日一。何カ故ニ巣を造ツテ無常ノ身ヲ安ク穩《ヲタヤカ》ニセント。

と、「師說ヲ以テ當座ニ書記」すとして記錄されてゐるのであつた。

簡單に譯せば、インドの大雪山に住む鳥が、夜は寒さに負けて「寒すぎて死にさうだよ、夜が明けたら暖まれる巣を造るぞ」と鳴いてゐたのに、朝、日が差して暖かくなると「今日のことも明日のことも分からないといふのに、どうして苦勞して巣を造らねばならないんだ」と怠け心が出てしまふといふ鳥がゐて、その鳥を寒苦鳥と名付けたのである。

喉元過ぎれば熱さ忘るといふ諺があるけれど、夜が明ければ寒さ忘るといつたところか。衆生を導か

んとする經文に出てくるらしいから、さうした怠け心を諫めるために作られたお話なのであらう。想像上の鳥といふ譯である。經文であるから「とり」と讀まずに「てう」と讀むのだといふことも納得がゆく。
今引用した文の後に、後京極攝政良實の歌として、
朝ナ〳〵雪ノ太山ニ鳴鳥ノ聲ニヲトロク人ノナキ哉
が紹介されてゐるが、後京極殿を名乘つたのは二條良實ではなく祖父の九條良經である。この歌は塚本邦雄の名著『雪月花　絶唱交響』にも選出されてゐる良經秀歌の一だ。
また、『角川俳句大歳時記』冬の「寒苦鳥」の「考證」によると、『滑稽雜談』（正德三　千七百十三年）に、
この鳥、夜鳴きて旦《あした》にいたる、その聲春杵の音に似たり。この鳥、夜分なるべし。心得べきなり。
とあるらしい。杵を舂くやうな音で鳴くとは、ぺつたんぺつたんといふ音だといふことだらうか。いづれにしても、「夜分なるべし」といふ心得は、この季語にとつて大切な氣がする。
青々の句に戻ると、ただ寒の鳥といふのであれば、振るつた翼がつららに當たるほどであつたといふ、ただ哀れな寒々しい景の切り取りだけで終はるけれど、この寒苦鳥の逸話を知れば、ぐつと滑稽感が增す。翼につららが當たるのも、巣を造ることを怠けた爲であつたか。青々の句は明らかにこの話を下敷にしてゐる。悠揚とした遊び心を持つ青々の俳諧は、幻の、想像上の鳥にも及び、ここまで自在であつた。
青々は、在家ではあるが善く經典研究をしてゐた。最も注目すべきは、「寶船」明治四十年八月號に八十四句發表し、『鳥の巢』へ入集するに當たり五十四句へ改編された「俳諧夏書」である。青々は「般若心經」を句ごとに區切り、それぞれの意味を深く汲み取りながら、俳句による寫經を實踐した。例へば、「度一切苦厄」《一切の蟻も蜈蚣も蔭涼し》、「是諸法空相」《峰の雲しばし殘花と見はやしぬ》の如

くである。これを、短いとはいへ經典一巻に渉り作品化するに及んだ。經典への理解と知識なしには成し得ない力技である。また、同じく『鳥の巣』には「東大寺華嚴會」の前書のある《ちる花に鯖や八十華嚴經》、「臨濟賛」の前書で《鶯は大愚がもとに付子かな》などもあり、經典の讀み込みの深さの一端を示してくれてゐる。子規忌を修したといふこともあらうが法隆寺との縁は殊更深く、大正九年の聖徳太子千三百年忌の折に二十一句の連作をなしたりもしてゐる。昭和十二年一月十二日に亡くなると、多くの寺院の僧が弔問、讀經に訪れたが、十五日には、法隆寺管長佐伯定胤が弔問、心經を回向した。

さて、話を戻さう。青々には、冒掲句との同時作、

寒苦鳥腹たち暮らす我に鳴く

など、「寒苦鳥」の句が六句記録されてゐる。經典をよく讀んでいたといふだけではなく、青々の諧謔の心が「寒苦鳥」の逸話を愉快がらせたといふことこそ、青々の作句意欲を驅り立てたのだ。青々とはさうした大人なのである。

幻の鳥といふと、現代俳人に馴染み深い「鷓鴣《しゃこ》」がゐる。

鷓鴣を締むおそるる眼かたく閉づ　西東三鬼

鷓鴣は逝き家の中まで石河原　三橋敏雄

といふ師弟の名吟を覚えてゐる人は多からう。ただ鷓鴣といふ鳥の名は普段の生活にはまづ出てこない。『新潮國語辭典』には記載されてゐないし、『新字源』には「鴣」の字が不登録で、「鷓」の「意味」として「『鷓鴣』はきじ科の鳥。うずらぐらいの大きさで、かっ色、むねに白い斑點がある」と具體的に書かれてはゐる。さて、どんな鳥なのか、『角川俳句大歳時記』では「秋」に立項し、石田郷子は「キジ目キジ科

で雉と鶉の間の大きさの鳥を總稱して鷓鴣とよび、古く中国などから輸入したもの」と解說する。どうにも理解不能になる。雉も鶉も日本原產の鳥はゐただらう。亞科もゐるだらうが、總稱と言ひつつ、その中でも輸入したもののみが鷓鴣なのだらうか。中國では、『廣辭苑』によると決まつた鳥を差すやうだし、ウィキペディアによると食用として飼はれてゐるらしいのだけれど、日本ではまさに幻の鳥。そもそも、季節が一定しない。

『角川俳句大歲時記』の「考證」に『鷹の白尾』（安永五　千七百七十六年）といふ歲時記の言葉が載る。

昌啄の說は春季に用ひられしなり。これにより春に定めし派、これあり。古人の說なれば、さもあるべし。さりながら、貞德・季吟、秋に定められし上は、貞門の一派には必ず秋に用ゆべきなり。

といふのだ（昌啄は里村姓。江戸初期の連歌師である）。これ以來、この幻の鳥鷓鴣は秋季といふのが定着してゐたやうだが、これを青々は堂々と春季として詠んでゐるのである。

雁盡て鷓鴣の夕や人覺めず　松瀨青々

これやこの鷓鴣の飛びゐる花の中

など五句ある。あとの三句には季語以外から季節を云々する言葉を見出だせないのだが、この二句、前の句は「雁がみな歸り盡していよいよ鷓鴣の鳴く夕べとなつた。のどかな春である。眠つてゐる人は起きようともしない」といふ意味になる。後の句の「これやこの」は春の陽氣に調子を合はせてゐる冗語法（冗語にも調べを重んずる大切な役目はある）。下十二音は、字義通り花の中を飛び廻つてゐる鷓鴣に焦點が合ひ、淸らかな韻きが尾を引く。幻の鳥を眼前にしてゐる趣だ（實際に雉か何かを目にして、それを「鷓鴣」と詠んだとする說も成り立つ）。二句とも明らかに春の句なのである。

西東三鬼の鶺鴒は岸田國士譯のルナール『にんじん』に出てくる鶺鴒である。少年にんじんには、獵で獲た鶺鴒に最後のとどめをさす役が命ぜられてゐた。恐る恐るその日の晩飯になる鶺鴒を締めてゐる。羽や足をバタつかせる鶺鴒と必死に立ち向かふにんじん。鶏などと同じだらう、締めたあと、逆さづりにして血を抜く。シンガポールで開業したことのある三鬼は、實際の鶺鴒を知つてゐたのかも知れない。そんな俳句に弟子たる敏雄が和し、「家の中まで石河原」と寂寥たる景を置いた。この景には中國の貧しい土壁の家の匂ひがする。三鬼の句は季感に乏しくもあるが、敏雄の句は明らかに「秋」の風情である。反面、青々の鶺鴒はなんだか夢見心地なのだ。

そして青々自身の動きが面白い。『妻木』といふ句集（明治四十　千九百七年）で鶺鴒を春季に入れて四句掲載してゐるのであつた。思へば、鶺鴒は雉と鶉の中間のやうな鳥だといふ。鶉は秋季、雉は春季の貴重な竪題（和歌にも詠まれた題）である。鶺鴒が雉に類すとすれば春になるし、鶉に類すとなると秋になる。たぶん青々は鶺鴒に雉の趣を重ねてゐた。

昭和に入つてから改造社から出た『俳諧歳時記』の「秋の部」を擔當した青々は、鶺鴒を秋に立項しておきながら、自らの句の掲載を見合はせてゐる。「花の中」の句は大正十二年作。『妻木』版行から十六年後にも尚且つ春季に鶺鴒の句を生んだ青々の抵抗の姿勢だつたとも思へる。

『俳諧歳時記』は五巻本で各巻に違ふ編者を配置した。季語の選定や配分など全體像は改造社編輯部が決めたとすると、納得の行くことである。『青々歳時記』でこれを春季に立項したのは、青々のこの姿勢を尊重したからであること、言ふまでもない。

幻の鳥でもう一つ思ひ出すのが、古今傳授三鳥である。古今傳授は祕傳中の祕傳、飯尾宗祇がその祕傳を受けてゐることは有名だ。その中に三鳥がある。二説ある。呼子鳥（春）と稲負鳥（秋）は先づ間違ひないのだが、あとの一鳥を百千鳥とする説と都鳥とする説だ。

『青々歳時記』を繰ると、

峰入の法螺の霞や呼子鳥

など「呼子鳥」九句、

畑作る山ふところや百千鳥

など「百千鳥」十三句、

聲寒し稲負鳥としておきぬ

の、「稲負鳥」一句が記録されてをり、「都鳥」は一句も詠まれてゐなかつた。

まづ「呼子鳥」であるが、

大和には鳴きてか來らむ呼子鳥象の中山呼びぞ越ゆなる

といふ『萬葉集』巻一の歌があるものの、筒鳥だとか郭公だとか言はれながら、つひには謎のままの鳥である。面白いのは、筒鳥も郭公も夏なのに、呼子鳥は春季であること。例に擧げた青々句は、「峰入」「霞」「呼子鳥」と春季の季語を三つ疊みかけてゐて茫洋たる吉野の山の奥深さを傳へてくれる。また「法螺」と「呼子」が響き合つてゐることも見逃せぬ。明治三十五年（千九百二年）のごく初期（作句六年目）の作品とも思へない、手練の作りを見せてゐる。

「百千鳥」は、特に幻といふ季語でもなく、青々の意識もまた、囀りの唱和する姿といふ一般的解釋から外れた句は無ささうである。

一句のみ作例のある「稲負鳥」は、花鶏《あとり》、入内雀、鶺鴒、雁、鶉など諸說あるものの、『古今和歌集』の、

山田もる秋のかりほにおく露は稲おほせ鳥の涙なりけり

を讀むと、收穫をもたらしてくれる吉鳥としての幻の鳥を人々が想像したのではないかと思へてくる。青々もそのことは十二分に理解してゐて、何鳥か判らぬ晩秋の鳥の聲を、吉鳥たる稲負鳥としておくのが風雅に適ふとしたのだらう。

俳句は眼前を詠むべしといふのは本當なのだらうか。『萬葉集』以來の日本の文藝の歴史に思ひを馳せ、それに連なるものとしての風雅の誠を探ること、それは、俳句が理に落ちたり、地に足付かぬ宙ぶらりんの句を生む溫床ともなる危ない橋であることは解る。《峰入の法螺の霞や呼子鳥》にしたところが、意味が判つてしまへば、「言葉遊びですね」で濟まされかねないのだけれど、それでもなほ、幻の季語に挑み幻を現に蘇らせんとする心意氣ある青々の俳句との向き合ひ方を僕は支持したいし、事實、例に引いた「呼子鳥」「稲負鳥」の句け僕の心に届く佳吟なのであつた。

僕たち俳人は、歳時記といふ豊かな資産を共有してゐる。その中に譯のわからぬ幻の季語もある。「寒苦鳥」「鶫鴟」「呼子鳥」「稲負鳥」と今回は鳥ばかりを追うてきたけれど、これら生活から離れた文藝としての言葉、詩歌の歴史を負うてゐる季語をそれこそ幻の彼方へ追ひやるのではなく、今を生きる季語、現代の言葉として、使ひ續ける教養と想像力こそ、俳句の世界、ひいては日本語の文化を豊かなものにする創作作業なのではなからうか。

例へば七十二候に因むさまざま、「魚氷に上る」「雀蛤となる」なども、取合せの句を詠むのもよいが、

その魚、その雀になつた心持で一物仕立を試みるはうがより樂しさうではないか。歳時記を讀み込むことで出會ふ見知らぬ言葉に、その本意を探りながら、果敢に挑戰してゆきたいものである。

註1　告白すると、『青々歳時記』では冬に「鶴」の項を立て、《年の冬大宮所鶴の來し》《藥山は痩ては鶴よ冬山に》の二句を收錄してしまつたのだが、この二句は「年の冬＝〈年の暮〉の傍題」の句であり、「冬山」の句であつて、「鶴」を立項すべきではなかつたのではと、今は忸怩たる思ひでゐる。過去の俳人の句を讀む時にふらつと現代の視點が混入してしまふ惡例の一つと思うて頂いてよい。

ゆきあひ考

「『ゆきあひ』をこれのみにて季語とせる歳時記は見當らぬものの、『ゆきあひの橋』『ゆきあひの雲』を季語とせる書あり。夏の氣と秋の氣の入り混じれる初秋の候を指せる語として、これを用ふ」と、註記した上で、

　ゆきあひの醤油は白と決めてをり　　牙城
　ゆきあひの川ひんまげてゐる巖

などを公けにしたことがある。

　もともと、二千二年晩夏の「里」の句會に、

　ゆきあひの空を寫せる休耕田　　宮沢春花

が出され、僕が佳作に選んだことがことの發端だつた。春花さんの持つてゐた『季語秀句用字用例辭典』（柏書房）には「ゆきあひの空」が初秋の季語として登錄されてゐた。僕が持參してゐた講談社版『カラー圖說日本大歳時記』には「ゆきあひの空」は無かつたけれど、「鵲の橋」の傍題として「ゆきあひの橋」が收錄されてゐた。これはもちろん七夕の題であり、陰暦七月七日は初秋に適ふ。「ゆきあひ」といふ言葉の語感にもやまとことばのよろしさがある。ならばいつそのこと「ゆきあひ」そのものを季語にしてしまつたらいいのではないかと思ひ立ち、その場で『廣辭苑』の「行合」の項を引いたのだつた。

『廣辭苑』には「①行き合うこと。また、その所、その時。出會い」といふ說明の次に「②夏と秋など、隣り合せの二季にまたがること、また、その頃」とあった。多分どの季節でも二季に跨ればゆきあひなのだらうけれど、「夏と秋」が一般的であらうことが窺へたので、氣持が強くなり、私は「では、『ゆきあひ』を初秋の季語にしよう」「例句を募集する」と、その場で宣言した。

ところで、今一度冷靜に、「ゆきあひ」について文學的な見地から考察を加へておく必要があるだらう。八月十一日、まさにゆきあひの候の例會で、「ゆきあひの霜」といふのもあるが大丈夫かといふ質問を受けもした。僕自身、「ゆきあひ」といふ言葉の歷史を知らないし、この言葉の生ひ立ちに觸れてみたいといふ誘惑に驅られるのだ。僕にとつて、それだけ魅力的な言葉だつたといふことである。

乙女らに行相の早稻を刈る時になりにけらしも萩の花咲く

「ゆきあひ」が文學に登場する始めの例である。『萬葉集』巻十「秋雜歌」の一首で、詠み人知らずである。「乙女らに」は「ゆきあひ」を引っ張り出すための枕詞で意味はないと解釋されてゐるやうだ。萩の花が咲き出し、そろそろ早稻の收穫時を迎へたことを言祝ぐ歌である。

では「ゆきあひ」はどう解釋されてゐるかといふと、これが萬葉學者の間でも割れてゐるらしい。岩波書店版『日本古典文學大系』の校注では「行相 ― 未詳。行って出逢う意で道路・往還とする說、夏と秋と行き合う頃みのる早稻とする說、地名とする說などがある」と、記されてゐる。ただ、「道の早稻を刈る」といふのは不自然だし、地名說も、これほど萬葉學が進歩してゐながらその地名が特定できてゐないやうで、にはかには信じにくい說だらう。中稻でも晩稻でもない「早稻」であることを考へ合はせると、「夏と秋と行き合ふ頃」といふ解釋がもつとも腑に落ちる。そもそもこの歌は「早稻を刈る時になりにけらしも萩の花咲く」が詠ひたい部分であつて、「乙女らに行相の」までが「早稲」の枕なのではないかとすら思へてくる。「行相」といふ言葉は、『萬葉集』初出の時から「夏と秋と行き合ふ頃」といふ意味で用ひられてゐたと理解しても、外れてはゐないのである。

「ゆきあひ考」からは逸れるけれども、この歌、「乙女らに」を枕詞とする說に異論は出てゐないのだらうか。この乙女を早乙女と解すれば、夏の初め汗して神事たる田植ゑをした乙女たちの苦勞が實つて、今收穫の時を迎へようとしてゐるといふ、豐作感謝の歌とも讀める。枕詞だと言はれてしまふと、少し、がつかりしてしまふのだ。

さて、この「ゆきあひの早稲」は慣用句としてその後の勅撰集などにしばしば登場することとなる。

おのづからゆきあひのわせをかりそめに見しひとゆゑやいねがてにせむ　新勅撰集　清輔朝臣

夏と秋とゆきあひのわせのほのぼのとあくる門田の風ぞ身にしむ　新葉集　前中納言爲忠

『新勅撰集』は鎌倉時代、『新葉集』は南北朝時代の集である。

そして、「ゆきあひ」ではないけれど、『古今集』選者の一人でもあつた凡河内躬恆が、

夏と秋と行きかふ空のかよひ路はかたへ涼しき風や吹くらむ　古今集　凡河内躬恆

とも詠んでゐたのだつた。平安前期である。夏の氣と秋の氣のせめぎあひは、今も昔も秋の到來を心待ちにする詩人にとつて、またとない心かきたてられる季節だつたのだ。また、

夏ごろもかたへすずしくなりぬなりよやふけぬらむ行あひの空　慈　圓

といふ歌が慈圓の家集である『拾玉集』「詠百首和歌」のなかに見える。「夏十五首」の十五首目にあり、「ゆきあひ」を晩夏としてゐることが分かる。この歌は『新古今集』にも收録されてゐる。

ところで、同じく平安前期に、

彦星の妻待つ秋もめぐりきてゆきあひのわせは穂に出でにけり　續後拾遺　藤原基經

といふ歌がある。この場合の「ゆきあひ」は微妙だ。單に「ゆきあひの早稲」というのではなく、「ゆきあひ」といふ言葉を引き出すために七夕傳說が引つぱり出されてきて、「彦星の妻待つ秋もめぐりきて」が「ゆきあひ」の枕となつてゐると讀める。では、七夕傳說と「ゆきあひ」はどう結びつくのか。牽牛織女の年に一度の出會ひを「ゆきあひ」と捉へたのであらうか。この歌で始めて「ゆきあひ」に二つ目の意味、七夕傳說が絡むこととなつた。卽ち、講談社版『カラー圖說日本大歲時記』には「ゆきあひの空」は無く、七夕傳說に因む「鵲の橋」の傍題として「ゆきあひの橋」が收錄されてゐることを先に記したけれど、この歌以前の「ゆきあひ」は、七夕とは關係なく、純粹に秋と夏の入り混じる候を指す語として機能してゐたのである。

『新古今集』に菅原道眞の歌がある。

ひこぼしのゆきあひを待つかささぎのとわたる橋をわれにかさなむ　新古今集　菅原道眞

九州太宰府に流された道眞が、彦星のゆきあひのために掛けられた鵲の橋を自分にも貸してほしいと、都への歸還を願ひ、往時を偲び戀うてゐる悲しい歌である。

鵲の橋をその後ゆきあひの橋とも稱するやうになり、現在、歲時記の傍題として搭載されるやうになつた。「ゆきあひの橋」といふ語を含む歌も引用しておかう。

かささぎのゆきあひのはしの月なれど猶わたすべき日こそとほけれ　海人手古良集　藤原師氏

ただ、「ゆきあひの橋」と用ひられた例は少なく、「ゆきあひの空」として七夕の空の意味で用ひられる用法が多かつたやうである。慈圓のゆきあひの空からは、意味がずれる。

よろづ代にきみぞ見るべきたなばたのゆきあひのそらをくものうへにて　金葉集　土左内侍

かささぎのはしのたえまをくもゐにてゆきあひのそらを猶ぞうらやむ　続古今集　東三条院

といつた具合である。先の道眞の歌の影響だらうか、「彦星のゆきあひ」といふ表現の例も探し出すことができる。

彦星のゆきあひを待つ久かたのあまのかはらに秋風ぞふく　金槐集　源　實朝

彦星のゆきあひの空をながめても待つこともなきわれぞかなしき　建禮門院右京太夫

などである。萬葉の頃の夏から秋への季節のうつろひを指す「ゆきあひ」から、平安、鎌倉期へと、次第に七夕傳説の牽牛織女の「ゆきあひ」の比重が濃くなつていつたといふことか。

ところで「ゆきあひの霜」といふことばについても見ておかなくてはならない。

夜さむき衣やうすきかたそぎのゆきあひのまより霜やおくらむ　新古今集　住吉御歌

といふ歌がある。「ゆきあひ」といふ言葉が「霜」とともに出てくる。さて、この歌をどう解するか。この「ゆきあひ」は二つの季節の入り混じつた狀態ではない。「うすきかたそぎ」の「ゆきあひ」である。すなはち、社や祠の屋根に付された千木のことである。「ゆきあひのま」とはその千木の出會ふところの間のことで、そこに置くわづかな霜に寒さを感じてゐるのだ。この歌は「神祇歌」の部に収められてゐるのだつた。

和歌の世界は、鎌倉時代に入つてくると、技巧に技巧を凝らすやうになる。次の例はまさにその典型。

神垣の月ぞすずしき夏と秋と行あひのまの霜と見るまで　新續古今集　源　善　成

まづ、「ゆきあひのまの霜」が「神祇」の歌として詠まれることを踏まへ、「神垣」を出してくる。そして「ゆきあひ」から「夏と秋」を引っ張り出し、その上で月の白さを霜に譬へた古歌に倣つて月を導いて一首に仕立て上げてゐるのだ。この歌の「ゆきあひ」は、「夏と秋とゆきあひ」であると同時に、「ゆきあひのまの霜」である、掛詞になつてゐる。また、「ゆきあひのまの霜」が神祇歌に使はれることを踏まへてゐるといふことは、見逃してはなるまい。

山たかみ入りぬとみれば行あひの谷には月のかげぞのこれる　夫木和歌抄　藤原爲家

といふ歌もある。この場合は、山と山の出會つて出來る谷の謂である。季節を指してゐるわけではない。ただし、この歌は「雜」の部に収められてゐる。その上で「月のかげ」が出てくるのだから、秋を感じて間違ひなからう。爲家が夏から秋への「ゆきあひ」を意識してゐたと解しても、あながち間違ひではないといふことだ。

時代は下つて、江戸期の文人は「ゆきあひ」をどう使つたか。三首掲げる。どれも、古歌の用法を踏まへてゐる。まあ、そこに江戸期の和歌の限界があるのだらう。

おぼつかな雨ふりくらす七夕のゆきあひの空は雲もかよはず　後水尾天皇

夕露ぞかたへ涼しくおきそむる夏と秋とのゆきあひのわせ　契　沖

さすえだに行合のまより木本に夏も霜おく月の涼しさ　本居宣長

見てきたやうに、「ゆきあひの早稻」に端を發した「ゆきあひ」は、七夕傳説と結びついて「ゆきあひの空」「ゆきあひの橋」となる一方で、季節感の薄い「ゆきあひの間（の霜）」や「ゆきあひの谷」といふ用例を見せるに至つたのである。今の歳時記では「ゆきあひの空」「ゆきあひの橋」があるばかりだが、それ以前に「ゆきあひの早稲」があつたことは顧みられてよい。また、「ゆきあひの空」にしても、七夕傳說と結びつくばかりでなく、夏から秋にうつろふ頃の空といふ意味が先にあつたことも押さへておきたい。

「ゆきあひ」といふ單語は、牽牛織女の出會ひ以前に、夏と秋の氣の入り混じる候を指してゐたのであつた。

また、「ゆきあひの霜」は「ゆきあひの間の霜」であつて、この「ゆきあひ」に季節感は薄い。われわれは、「ゆきあひ」といふ單語に初秋を感じてもよいのではないだらうか。

一、二の歳時記や辭書を引いただけで「ゆきあひを季語にしよう」と、やや强引に宣言してしまつたけれど、文學史的にも、外れた思ひつきではないことを、右のことは證明してゐるのではないかと、今は確信めいたものがある。

あとは、例句によつて、この言葉を定着させるだけである。

「ゆきあひ」。この魅力的な響きを持つ初秋の候を指す言葉が、廣く受け入れられることを願つてやまない。

暮れてよりゆきあひの手の土へ延ぶ　　牙城

ゆきあひの動かぬ闇の緣なり

つくつく法師のこと

立秋が近い。八月もお盆を過ぎる頃ともなると、法師蟬の聲に秋の訪れを實感することとなる。いつのことだつたか、どなたかの句集を編集してゐる時だつたと思ふのだが、初秋あたりにいくつか「つくつくし」の句が混じつてゐて、おやつと思つたことがあつた。

「つくつくし」とは、言はずと知れた「土筆」の古名である。いや、江戸期、俳諧の世界でも「土筆」と詠まれることはなく、例句はほぼ「つくつくし」「つくづくし」であるのだつた。それが何故に初秋に紛れ込んでゐるのか……。どうもその方の頭のどこかに「つくつくしつて、つくつく法師の略だよね」といふあらぬ記憶が住み付いてゐるやうなのだつた。いや、僕の思ひ込みかも知れぬ。そこで調べてみることとした。以下はその顚末である。

『合本俳句歳時記』第四版（角川學藝出版、平成二十年六月）では「法師蟬」の副題として「つくつくし」があるが、解說では觸れられてゐない。

『角川俳句大歳時記』秋（角川書店、二千六年七月）でも「法師蟬」の副題として「つくつくし」があり、解說では觸れてゐない。同書「考證」によると、江戸時代の歳時記、『糸屑』（元祿七）、『清鉋』（延享二年以前）、『忘貝』（弘化四）、『四季名寄』（天保七）、『改正月令博物筌』（文化五）、『和漢三才圖會』（正徳十二)、『年浪草』(天明三)などに「つくつくばうし」などの名で法師蟬は出てくるが、「つくつくし」の表記は見られない。この「考證」は『圖説俳句大歳時記』秋(角川書店 昭和五十四年七月七版)を元にしてゐるので、その歳時記を繰ると、「蛁蟟《つくつくぼうし》」の副題に「つくつくし」があるが説明けなし。また、「雲母」に初出らしい、中川宋淵の《つく〱し尽きざる不思議ある山に》が例句として載つてゐる。

「つくつくし」はいつから「つくつく法師」の副題となつたのであらうか。

虚子編『新歳時記』増訂版(三省堂、昭和二十六年十月)は「法師蟬《つくつくぼふし》」を題としてゐるが、副題に「つくつくし」はない。ただ解説中に「づく〱し、づく〱し、ずくっしょ、ずくっしょと聞いて、この蟬が鳴き出すと、熟柿が出來るといひ傳へてゐる地方もある」と、「づくづくし」の語が出てくる。

また、『カラー圖説日本大歳時記』秋(講談社、昭和五十六年十月)では「つくつく法師」で題が立てられ、「つくつくし」は副題にはないのだが、森澄雄による《また微熱つくつく法師もう默れ》(川端茅舍)の鑑賞文中に「『つくつくし』と鳴く法師蟬の澄んだ聲」との記述がある。

他に今回調べた歳時記の記述を列擧しておかう。

○今井柏浦編著『増補俳諧例句新撰歳事記』(博文館、大正六年二月)「蛁蟟《つくつくぼうし》」。副題に「つくつくし」はなし。

○山本三生編『俳諧歳時記』秋之部(改造社、昭和八年九月)「蛁蟟《つくつくぼうし》」。副題に「つくつくし」はない。

○水原秋櫻子編『新編歳時記』(大泉書店、昭和二十六年三月)は「法師蟬」で立項、「つくつくし」の記述はない。

○山本健吉編『新俳句歳時記』秋の部(光文社、昭和三十一年八月)は「つくつく法師」で立項し「つくつくし」の記述はなし。〈おなじく山本健吉『最新俳句歳時記』秋(文藝春秋、昭和四十六年九月)は、光文社『新俳句歳時記』と解説文が全く同じ〉。

○『俳句歳時記』秋の部（平凡社、昭和三十四年九月）は、「蛁蟟《つくつくぼうし》」で立項、山本健吉の解説だが、「つくつくし」の記述はなし。

○大野林火監修『角川小辞典30入門歳時記』（角川書店、昭和五十五年五月）では「秋の蟬」の副題として「法師蟬」があり、「つくつくし」の記述はなし。

では立項してゐる歳時記はといふと、

○石田波郷編『現代俳句歳時記』秋（番町書房、昭和三十八年九月）には「法師蟬」の副題に「つくつくし」がある。例句はない。

○『新版俳句歳時記』秋の部（角川文庫、昭和四十八年改訂初版）は「法師蟬」で立項し「つくつくし」を副題として載せてゐる。説明はない。この角川文庫『俳句歳時記』の初版は昭和三十年、今回は改訂版を見たので初版は確認出来てゐない。

かう見てくると、どうやら、石田波郷編の歳時記と、角川書店編の諸々の歳時記に限定されて「つくつくし」は副題になつてゐるやうだ。特に角川書店の歳時記は部数も多く刷られ影響力が強いので、今回は調査してゐない地方の歳時記や結社歳時記などで「つくつくし」を、その影響下に副題としてゐるものが多数出回つてゐるといふ予測は立つ。

次に、「つくつくし」を「法師蟬」や「蛁蟟《つくつくぼうし》」のこととして副題に載せることは間違ひなのかどうかを調べなくてはならぬ。國語辭典を繰ると、

○『角川古語大辭典』（角川書店、平成六年十月）の「つくつくし／つくづくし」の項には「土筆」の說明のみ。「つくつくほふし／つくつくぼふし」の項には逆に「土筆」と「法師蟬」の兩方の說明が載る。

○『日本國語大辭典』（小學館、昭和五十五年十月縮刷版）では「つくつくし」の項を設け「〔名〕昆蟲「つくつくぼうし」の異名。《季・秋》」と解說されてゐる。また「つくつく‐ぼうし」の項の解說では「つくつくし」には觸れられてゐないが、「つくつくぼうし」に「土筆」の意味があり、大和から大分まで廣範圍で使はれてゐることが記載されてゐる。加へて「つくつく‐ようし」の項に、熊本で「つくづくし」を「つくつくぼうし」の方言として使はれてゐることが載つてゐる。

その上、既に示したやうに虛子や澄雄が「づくづくし」「つくつくし」とその鳴き聲を聞いてゐる。言葉とは生々流轉するものなのだから、一般にはともかく俳人の間では「つくつくし」は既に半ば「法師蟬」「蛁蟟《つくつくはふし》」の副題として認知され始めてゐると受け止めるべきなのかもしれない。例句もあるのだとすると、容認することもまた、言葉に對して親切なのかも知れぬ。

ただし、今回調べながら思ふことは、鎌倉時代初期の歌人藤原爲家に、

　佐保姫の筆かとぞ見るつくつくし雲かき分くる春のけしきは

といふ歌があるやうに、もともと「つくつくし」「つくづくし」は土筆の古語であり、俳人もまた、江戸期の歲時記以來「つくづくし」こそを今の「土筆」の本題としてこれに馴染み、江戸期の例句はその

ほとんどが「つくし」ではなく「つくづくし」「つく〱し」であつたといふ事實を大切にしたいといふことである。

法師蟬といふ呼び方も明治期以降の發明のやうだが、これは定着した。今後「つくつくし」が「つくつく法師」の副題として定着するのかもしれない。しかし僕はこれからも、「つくつくし」を「つくつく法師」のこととして使ふことはないだらう。

後日、『日本國語大辭典』第二版では、石川縣金澤市で「つくつくし」が「つくつく法師」の方言と記されている旨教へてくれた方がをられたことを付記する。多謝。

税としての高濱虚子

「ホトトギス」の功罪

「ホトトギス」に罪はない。

まあ、さう書いてしまへば身も蓋もないけれど、原稿を何度書き直してもここの部分だけは變はらぬ結論なのであつた。

「客觀寫生の功罪」「花鳥諷詠の功罪」と主題が變はつたとしても、「罪はない」ことに變はりはない。たぶん、功《いさをし》といふものは常にその功の反對勢力にとつては罪なのだらうけれど、文學における罪といふものは、それを罪と思ふ者にとつては「價値なきもの」なのだから、無視をすれば濟む類のものなのではないか。

ならば「ホトトギス」に功はあるのか。これはかなりある。もともと庶民の餘技であつた俳諧に、あからさまに餘技としての地位を與へたのが「ホトトギス」であつた。例へば「女流俳句の勃興」を考へてみると、この事情はすごくよく分かるのである。餘技としての俳句の普及を考へてゐなかつたなら、虚子は女性の俳句人口を增やさうといふ計畫に思ひ及ばなかつたのではなからうか。それは「ホトトギス」誌上で大正五年に始まつた女性の投稿欄への「臺所雜詠」といふ命名によく現れてゐる。虚子にとつて婦人の第一の仕事は臺所を良く守ることなのである。ただその臺所とて、立派に句材はころがつてをるし、婦人とてその場で俳句を成すことは可能なんだよと、虚子は敎へたのだつた。俳句の間口を廣げたのである。決して虚子は「婦人よ俳人になりなさい」と檄を飛ばしたのではなく、俳句といふ嗜《たしな》みを餘技として身に着ければ、婦人たちの人生もまた樂しいものになるであらうと考へたのだ。

苗床や凪に解けたる頬かむり　阿部みどり女

羽子板の重きが嬉し突かで立つ　長谷川かな女

手に當る虻流れ行く春の風　本田あふひ

ぬくもりし助炭の上の置手紙　今井つる女

孫娘の高濱汀子が結婚を控へてゐたとき、虚子はこんなはがきを餞に送つてゐる。

無理に家庭をおろそかにして出掛けないでも、どんな所でも季題に接することが出來るのだから細々とでも作りつづけること、止めないでお作りなさい。（稲畑汀子『女の心だより』）

虚子はその後、例へば歌舞伎役者に、例へば畫家に、餘技としての俳句を勸めてゐる。

京が好きこの秋雨の音も好き　中村吉右衛門

弟の京の人氣も花だより　坂東みの介

春雨や大利根上る川蒸汽　川端龍子

餘技であるならば藝術學校へ進學する必要もなければ、文學部を目指す必要もない。俳句を職業とする必要もない。これは大正や昭和初期の時代背景を考へると大いに有難いことだつたはずである。女は家を守り、男は金を稼ぐ以外にやることの乏しかつた時代に、虚子は俳句といふ娯樂を普及させたのである。「文學は男子一生の仕事にあらず」（二葉亭四迷）の時代に、このことは俳句普及の原動力となつた。

この一路に繋がれよ。天才ある一人も來れ、天才無き九百九十九人も來れ。

と虚子が「ホトトギス」に書いたのは、明治三十八年九月だつた（「俳諧スボタ經」）。これが明治期だつたことを思ふと、俳句を一般に廣く浸透させようといふ虚子の思惑は、必ずしも「ホトトギス」經營上の問題からの發想ではなく、虚子が考へる俳句の本質に觸れる問題だつたのであらう。

この考へを虚子は終生持ち續けた。

寫生を説くのは偉大なる作家の爲めではない。偉大ならざる作家の爲めだ。先づ普通一般の作家の爲めだ。

（「寫生の二字」、「ホトトギス」大正十一年二月）

俳句は花鳥諷詠の文學である。花鳥風月に遊んで此の人生を樂しむといふ事は、俳句の生命とする所である。徒らにクヨクヨジメジメして苦澁の人生に執着すべきでない。

（「極樂の文學」、「玉藻」昭和二十八年一月）

右三つの引用エッセイは今まで虚子を語るときに多く引かれてきたものばかりである。いはば虚子俳論の中心をなすエッセイの中の一節なのだ。また、文中の「天才ある一人」が虚子であり、「偉大なる作家」が虚子のことだといふ穿つた讀みもできるほどに、虚子は俳句の「普及」に努めたし、それは成功したやうに見える。例證も簡單で、虚子や「ホトトギス」に連ならない系列の俳人の總數の微々たる事を思ふだけで充分だらう。

普及に何が必要だつたか、それは簡單なルールと、簡單な方法と、簡單な理念と、强烈な組織である。これに對立組織へのアジテーションや、强力な谷町を加へれば完璧だ。

有季定型を絶對とするルール、眼前の事物を寫せとする方法、人生とは飛花落葉のごとしと自然と人生を直結させる理念、そして家族を巻き込んでの「ホトトギス」の會社組織化と地方支部、傍系雜誌の創設。アジテーションは對碧梧桐をはじめ枚擧に遑なく、谷町には皇族をも取り込む周到さであつた。

現代俳人で虚子に連ならない作家を考へると、右城暮石・細見綾子・古屋秀雄らの松瀬青々系などを思ひ浮かべることができるけれど、暮石・秀雄は誓子に連なることによって、虚子の影を負つてゐる（新興俳句以降の作家にしても、新興俳句がアンチ虚子であつたのだから、虚子なくしては有り得ない人たちだつたこととなる）。なにより、「ホトトギス」による組織力が舊制高校にまで及んでいなかつたならば、山口誓子も日野草城も誕生してゐなかつたかもしれない。當然秋櫻子もゐないのだから、新興俳句もないか、形が變はつてゐたであらう。

虚子および「ホトトギス」といふのは、千九百五十九年の虚子の死までと限定して考へるならば、これは時代の必然として肯定をする以外にない。だから僕たちは、今日に至つても税金のごとくに虚子を拂ひ續けてゐるわけだ。虚子を税金だと考へると、僕などすとんと腑に落ちるのであつた。虚子を考へるのは現代俳人の義務なのである。もとより、どれほどに考へるかは人それぞれの働きによる。『高濱虚子』を著した川崎展宏さんは自ら進んで税を拂はうとした人であり、どんなに重い税を拂つても重税感を持たないかもしれない。僕などは「虚子直系」を言ひふらすわりには勉強してゐないものだから、重税感に苛まれてゐる。怖いのは免税店で俳句を學ぶこと。大人の俳人である以上、若干なりとも税は拂つておいたはうがよい。税は發言力にも直結するのだから。

友は代官芋掘つてこれをもてなしぬ　　高濱虚子

稲畑汀子編著『ホトトギス　虚子と一〇〇人の名句集』（三省堂、二千四年）の虚子略歴に、「近代・現代俳句の祖」とあつた。誤植ではないと讀んだ。

中西其十發見

哀悼吟

寒雁や丹波の空へ飛んで啼け　紫雲郎
灯も凍てん夜なり其十の訃を傳ふ　王城
訃を聞く日ひねもすとけず霜柱　野風呂
蜜柑食へど〳〵愁思や慰さまず　赤柿
遺稿編む指の硬さや春寒し　播水
冬夜默してとにかく醫者は歸りけり　誓子
湯上りの肌春暗に耽溺す　無絃
こがらしに生ゝ木の折る、音聽けり　草城

先づ右の八句を紹介しよう。大正俳壇史や新興俳句前史に興味をお持ちの方ならば、この八人の名前から大凡の推測は可能であらう。「京鹿子」第二年第五輯（參月號、通卷第十七輯、大正十一年三月廿五日發行）の表紙裏（表2）に大きく掲載された八句である。書誌的なことを先に記しておくと、編輯兼發行人は日野草城（京都市上京區北白川下池田町七七內田源之助方）、發行所は京鹿子發行所（京都市上京區吉田中大路八番地鈴鹿勝近方）、本文二十四頁、定價一部拾五錢であつた。鈴鹿野風呂の本名は登、勝近は野風呂の父ですと、野風呂の孫で、京鹿子社野風呂記念館の鈴鹿均氏より教はつた。

この號の「京鹿子」同人は、右の八人であつた。本來もう一人同人がゐたのだが、この年一月十八日に歿してゐた。この八句は、その同人への「哀悼」句である。そして、同號三頁、同人作品欄の八人目として、次の五句が載る。

感傷春秋（十二）哀悼故人其十五句　日野草城

其十立春を俟たずして逝きぬ
追儺豆に病魔拂はせうと思うたに

故山に歸臥して遂に再び起たず
埋火のそのまゝ消えし寒さかな
冷えてゆく湯婆はさぞや寂しかろ

紅葉の句會に缺席して其十に逢はず
返り花のしばしがほども見たかりし

京鹿子同人八人に減ず
歸る雁一つはぐれてしまひけり

落膽の度の深刻なことを示す五句を掲出した草城は、千九百一年（明治三十四年）生まれの若干二十歳（滿年齡、以下同）、前年四月に京都帝國大學法學部に入學したばかりの學徒であつた。

他の同人にも觸れておく。この年四月に東京帝國大學法學部に入學することになる山口誓子は草城と同い歲。金子無絃は草城の同級生（文學部）。高濱赤柿は法學部一回生。五十嵐播水は醫學部一回生。

岩田紫雲郎と田中王城は三十六歳、鈴鹿野風呂は三十四歳。三人の大人は京大三高俳句會機關誌「京鹿子」の顧問格である。大人を含め、皆若い。

この「京鹿子」第十七輯で同人たちから哀悼の句を捧げられてゐる其十とは何者なのか、そもそも、

「其十」をどう讀めばよいのか、「そのじふ」か、「きじふ」か。昨日までの僕には何ら知識は無かつた。ただ、其十その人に迫る前に、僕を其十に引き合はせてくれた人々について記しておかなくてはならない。

二千十一年十月、大阪で茨木和生主宰「運河」の七百號記念の宴が催された。僕は制作を請け負つてゐる『松瀬青々全句集』上卷を何とか間に合はせて列席した。松瀬青々は、和生先生の師である右城暮石の師。「酬恩」といふことを大事になさる和生先生が、山口誓子、右城暮石から引き繼がれた悲願の一冊こそ『松瀬青々全句集』であつた。當然宴では全句集のことが話題に多く上り、和生先生の恩に酬ひる心もまた稱揚された。その二次會が會場の一階であり、僕の得た席に辻田克巳さんが坐られた。辻田さんは「牙城さんに會ふと、退藏先生のことを思ひ出します」と靜かに話された。退藏先生とは、島田退藏、僕の祖父である。爺さんは第三高等學校の國文學教授であつた。京都修學院にある自宅階段下の三疊ばかりの小部屋で靜かに本を讀んでゐた爺さんの姿のことなどを辻田さんに話したものの、家が別であつたこともあり、記憶はそれほど多くはない。爺さんの三男（長男は三歳で夭逝）である父恆男（俳號、刀根夫）から聞かされる、三高正門の門標を降ろした最終校長といふ話と、家の本棚にあつた島田退藏校註『建禮門院右京大夫集』といふ赤茶けた本が、僕に取つての爺さんであつた。辻田さんと話す

うちに、この本のことを話題にし、「退藏には殘つてゐる本が少ないやうです」といふことを申し上げた。「でも、幾つかあるだらうから、今のうちに調べて揃へておかなくてはなりません」「それは牙城さんがおやりにならなくては」といふやうな話が續いた。僕には辻田さんの言葉に、茨木先生の酬恩といふことと、爺さんの書き遺した物の探索といふことが重なつて聞こえた。

それから四ヶ月も經つた二月七日、「島田退藏」をインターネットで檢索してみた。それほど期待してゐた譯ではないが、『建禮門院右京大夫集』くらゐは見つかるかもしれないと思つたのだつたか。探つてゆくと、古書店のサイトに面白い本の題が出てきた。『島田教授古稀記念國文學論集（1960）島田退藏』といふ一冊である。日本も廣いので同姓同名の大學教授がゐてもをかしくないであらうが、國文學と結びつくとなると、爺さんの可能性が俄然高くなる。千九百六十年刊といふのも、そんな感じを助長する。實は爺さんの生まれ年を知らなかつたのだ。ただ奇妙なことに、關西大學國文學會編とある。爺さんが關西大學と關係してゐたといふ話は聞いてゐない。そして關西大學文學部となると、これは哲學科中退とはいへ、僕の出身大學學部ではないか。どうにも不思議な符合なのだ。千圓という廉價でもあつたので、すぐに注文して手に入れた。

はたして、それは將に、爺さんの古稀を記念して若き書誌學者谷沢永一らが編集實務を擔つた一本であつた。ただ、目次にずらりと竝ぶ執筆陣に島田退藏の文字がない。論文まではいいとしても、短い隨想も編者や執筆陣への謝意の一行すら、爺さんは遺してゐなかつた。

この論文集には、二十四本の國文學關係の論文が收められてゐる。國文學に疎い僕でも知つてゐる學者を擧げると、澤瀉久孝「『阿奈爾與斯』攷」、風巻景次郎「二代の藝匠―俊成と定家―」、谷沢永一

「私小説論の系譜」、木下正俊「受身と敬語」などだ。その中に谷沢と木下に挟まれる形で「中西其十論」といふ論文があつた。執筆者は「金子又兵衛」。中西も金子も、僕の乏しい知識の埒外である。しかし、「其十」といふこの論文對象者の雅號は、俳諧師を予感させる。江戸期の俳人であらうかと思つた譯だ。そこで僕はこの論文の載る一百八十七頁を開ける事となる。そこに其十はゐた。

中西其十との邂逅、その絲についてここまで振り返つてみた。退屈だつたやも知れぬが、何らかの力が必然的に絡みあひ、僕を突き動かしてゐるのではなからうか。又とない經驗をさせて頂いてゐるらしく、この時を逃す譯にはいかない。

中西其十とは何者であるのか。僕は俳句史家ではない。いろいろな物を讀んできた蓄積が若干あるに過ぎないし、その蓄積を體系化させたことも一度も無い。その上記憶力が極端に惡い、といふことを差し引いたとしても、僕には中西其十なる名前に出會つた記憶がない。そこでまづ、又兵衛さんの論文に載る其十俳句をざつと讀むことにした。

涼しさや鐘を離るゝ鐘の聲

論文の一行目である。「惡くないじやないか」と思つた次の瞬間「違ふ、これは蕪村の筈だ」と思ひ直す。又兵衛さんは意地惡である。其十論の一行目に記した俳句に、作者名を付してくれてゐないのだ。危ふく化かされる所であつた。

人の眼鏡に縮まり見えて比叡早春　　其十

といふわけで、僕が目にすることとなる其十俳句の第一はこの句。惡戯心に度の强い眼鏡を借りたのだらう、比叡山がまだ餘寒に震へてゐるやうに感じられたといふ一句。（一つ註を付けておくと、「比叡早春」は「ひえいさうしゆん」ではなく「ひえさうしゆん」と讀むのだらう。關西の方々には常識だらうが、一寸蛇足）。續いて頁を二度繰り、其十が初めて作句した、「大正八年の作品は四句しか殘つて居ない」と又兵衞さんがいふ四句に出會ふ。

五分刈の一本づゝに春の汗　　其十
人妻とやがてなる身や宵の春
朝湯出て素足あかるき小春かな
白足袋にはねたる泥もかはきけり

端正な立ち姿である。作句一年目にして既に俳句の壺を心得てゐるかのやうな巧みさがある。「五分刈」の句に迸る跳ねるやうな青春性は、十二分に定型を使ひ切ることで生まれた調べが保證する。
そして二句目。「妻」に「宵の春」と來ると、誰もが思ひ出すであらう名吟が昭和九年に生まれてゐる。さう、

けふよりの妻《め》と來て泊《は》つる宵の春　　草城
（句姿は邑書林句集文庫『昨日の花』による）

だ。二句に隔たりはある。其十のそれは若き未婚の處女《をとめ》に成りきつて書かれたものであり、「宵の春」には夢想の先の倦怠が含まれてゐるし、草城のそれは新婚旅行初日の昂りに「宵の春」が期待と甘やかな氣分を加へてゐる。それにしても、「妻」なることばを「宵の春」といふ季題の雰圍氣で包まうとする意匠、これが室生犀星や萩原朔太郎までをも卷き込んで大論爭が展開された「ミヤコ　ホテル」（「俳

句研究」昭和九年三月、創刊第二號）發表の十五年も前に、草城の同志とも言ふべき若者によつて作られてゐたといふ事實は面白い。

また、この二句に共通してゐることがもう一つある。それは、俳句で物語つてゐるといふことだ。もちろんこれは新しい手法ではない。宵の春の句を出さうか。

公達《きんだち》に狐化けたり宵の春　蕪村

などがすぐに思ひ出されるわけだが、子規―虚子以來の「寫生」手法の浸透により、眼前の事實を書ききることに主眼が置かれつつあつた時代、句會の主流であつた題詠に於いてすら見たやうに詠むことが求められた俳句界にあつて、特に其十の「變成女子《へんじやうによし》」といふ物語り手法は注目に値する。「なりきり俳句」とでも言ふと分かりやすからう。

變成女子といふ單語は、又兵衛さんが論文中で用ひた言葉である。佛教（佛陀の頃はいざ知らず、その後の變轉でさうなつたのだらうが）で女性は成佛出來ぬといふ偏つた考へが廣がり、一度男性に成り變はつて成佛することを變成男子《へんじやうなんし》と言つたらしい。又兵衛さん、この其十の「宵の春」についてかう書く。

> これは變成女子《によし》である。尤も芝居なんかは生活そのものから女性的になつて居たし、（略）なにも驚くには及ばぬと言へばそれまでだが、家庭も社會も學校も所謂スパルタ式であつた時代、さう云う《ママ》精神によつて教育されて來た私には、これは大いなる驚きであつた。これが感覺俳句、官能俳句のオリヂンなんだと思ふ。

又兵衛さんは、其十や草城と共に句會に列席してゐた仲間なのである。俳號無絃。調べてみると、最初に示した哀悼吟で《湯上りの肌春暗に耽溺す》と詠んだその人なのだ。又兵衛さんに關する年譜は今に至るも未見なれど、著書『日本古典文藝の論理と構想』の谷沢永一の「編集後記」によると「昭和四十六年三月十五日、滿七十歳の壽を迎え」たらしいから、千九百一年生まれである。草城と同級生。ただ俳句を始めるのは大正九年の初夏のやうで、草城や其十に少し遅れる。同じ下宿の粋な先輩、高濱赤柿から句會に誘はれたらしい。

ところで、こんな前書の句がある。

變成動物

いなづまにまばたきしたる枯木達　　草城

『轉輪手』だから昭和十年過ぎの句であらう。「變成女子」といふ言葉を使つた又兵衞さんの頭に、この前書があつたやも知れぬ。

そろそろ其十の略歴について記さう。肉付けは追々するとして、先づ最も簡潔で重要な略歴を擧げる。「京鹿子」第十七輯追悼特集の巻末に掲載された六行。

其十略歴

本名　中西喜重郎（明治三十二年四月二十一日生）
原籍　京都府船井郡檜山村字八田第三番戸
履歴　大正八年京都同志社中學校卒業
　　　同年九月三高文科丙類（佛蘭語）入學
　　　大正十一年一月十八日於原籍地病歿

まだ僕は其十の讀みを明かしてゐない。高野素十さんを「そじふ」と讀むそこそこのキャリアの俳人に出會つて驚いたりもする。其十は「そのじふ」「そのとを」「きとを」「きじふ」、「其」には「ぎ」「ご」といふ讀みもあるらしいから、知らぬものには何とでも讀めるわけだが、この點についても又兵衛さんは意地惡で、假名を振つておいてくれなかつた。

ただ、本名については又兵衛さんが書いてくれてゐて、「喜重郎」。「きぢゆうらう」と讀むのだらうから、號の讀みはほぼ同じ音の「きじふ」で概ね間違ひなし。ただ、九分九厘であつても完璧ではないむず痒さを感じてゐたところへ、「京鹿子」の追悼號に載る五十嵐播水の「浮び來る其十」といふ文章に、大正九年二月二十三日の句會の様子を見つけた。

> 學生集會所の乾の間で胴の赤くなつたストーブを取り巻いてそれ〳〵に瞑目抱頭頬杖の變挺《ママ》な沈默の一團があつた。黑板には「春の霜」五句と書いてあつた。京大三高の虚子先生歡迎句會である。南側の机に一生懸命に頭をかゝへて、苦吟してゐる青年があつた。それが其十であつた。虚子先生選になつた。片唾を呑む音が聞えた。「春の霜おけるもおかぬも笹廣し」が讀み上げられた時「其十」といふ聲がした。隨分落着いた聲だつたが得意の音素《とーん》を聞き逃す事は出來なかつた。續いて「蠟燐寸今消ゆ春の霜の上」といふ句が出た。あの時の「キジユー」といふメロデイに近い音がはつきりと今も耳に殘つてゐる。

後に草城が「弔文屋になればいい」と感嘆したと傳へられる一文だ。これにて、俳號の讀みの問題は解決した。

次に出自のことが氣になりだした。其十《キジユー》の原籍地である船井郡檜山村は、南北に長い京都府の中央邊り、京都市と福知山市の中間地、園部の西北だと想像してくれればいい。丹波である。檜山村といふ村名は千九百五十一年に四村合併による瑞穂村誕生で消え、二千五年には三町合併で京丹波町となつてゐるやうだが、地圖によると、檜山なる地名が瑞穂小學校といふ學校のそばに今も殘つてゐる。また、字名の八田を探すと綾部街道沿ひであるやうだ。八田の行者はんと親しまれてゐる役行者ゆかりの祠がある。修驗道場があつたとすると峻險な山間なのであらうか。今も毎年九月に行者祭が行はれてゐるといふ。當時京都へは、十五キロほど東の胡麻驛に出て、山陰本線で五十キロ弱である。

二千十二年三月二十三日、京都乙訓の實家へ歸つた一日を自由にさせてもらひ、雨の中、其十の親族を探しに檜山村へ車を走らせた。今は京丹波町の瑞穂支所となつてゐる村役場で八田といふ字の場所を聞き、中西家が今もあるかを調べて頂いた。晝食時で灯りを落とした薄暗い役所には、自分の机で辨當を開く人が數人ゐるだけだ。そんな中いやな顔ひとつせず箸を置いて應對してくれた女性職員が親切な方で、「コピーは取れないのですが」と住宅地圖を出して下さる。地圖で見ると、八田は大字のやうだ。サコ田、西安、下川原、橋爪などの小字の中に、とびとびに中西姓の家が五、六軒ある。其十に近付いた喜びを言ふと、職員は、電話帳を持ち出して來て、電話番號を控へていけと言ふ。土地柄は卽、人柄でもあらう。この女性職員の人柄を中西其十に重ねながら禮を申し、八田へ向かつた。

國道九號線から百七十三號線へ逸れ、南下する。綾部街道だ。ものの五分もしないうちに、大曲りして低い峠を一つ越えたら、八田に着いた。井尻川といふ小さな川沿ひに、トタンで覆つてはあるものの、さぞ立派であつたらう藁屋根を持つ農家がいくつもある。

現今、大學進學率は五十パーセント前後で推移してゐるらしいが、國立公文書館の資料によると、大正期は「中學や高等女學校など中等教育機關を卒業した人々はおよそ十人にひとりかふたり程度」であり、さらに「戰前を通して高等學校に進學・在籍した人の割合は同世代人口の一パーセントを越えることはありませんでした」といふ數字が示されてゐる。それも大都市圏の裕福な家庭の子女が殆どであつたらう。丹波山中、八田村の中西家は、そんな大正時代に息子に學問を修めさせようとした家なのである。今目にしてゐる堂々たる佇まいのどれかに違ひないと思ふ。

先づ一番南の家に近付くと、確かに中西姓の表札が出てゐる。ただしお留守。一軒置いた家も中西姓。お婆さんが奥の間から廊下へ顔を覗かせて應へてくれたが、「うちではないな」とにべもなく、空振り。其十は若死してゐるので直接の子どもがゐない。一氣に其十が遠退いてゆく。雨の中、あと一軒だけにしようと氣弱に訪うた中西さん。前庭を通り玄關に立つと、ちやうど初老の女性が輕自動車で歸つてこられた。譯を話すと、手に買ひ物袋を提げたまま、すごく叮嚀に中西家のこと、村のことを教へて下さつたのだが、やはり「喜重郎についてはは分からない」らしい。

あきらめてお禮を申さうとすると、「お寺へ行かれたら何か分かるかもしれませんね」と、見えてゐる山の中腹の建物を指差された。「中西はみな檀家なのです」といふ。僕の頰が少しゆるんだ。それに賭けてみるか。

寺は禪寺で、長樂寺さん。ご住職は野口義友さん。

「八田の中西といふ、九十年前に若死した學生のことを調べてゐます」

「中西は何軒もあるが、それだけでは分からないな」

「いや、番地と名前が分かつてゐるのです。三番戸の喜重郎さんといひます」
「ああ、喜重郎さん。それなら分かる。ただもう、八田にはをられない。子孫が關東の柏に住んでをられる」

即答だつた。還暦をすこし過ぎたほどのご住職が其十を直接ご存知な譯がないのに、あたかも昨日まで一緒だつたやうな思ひ出しぶりに、一瞬呆氣にとられたほどだ。

理由を尋ねられたので、草城のこと、京大三高俳句會のことなどをお話しすると、「字の上手な人だつたと聞いてゐますよ」「當時、この村から大學を目指されたのですから」「さう、さういふ人だつたのでせう」と會話が續いた。

其十を知る人がゐて、其十の兄弟のお孫さんが關東にをられる。子孫のお名前などを教へて頂き、長樂寺を、そして芽吹きのまぶしい山深い丹波を後にした。

其十は、同志社中學を卒業してから俳句を作り始めたやうだ。大正五年、十七歳のとき、中學三年の中途で同志社へ轉入し、四年になると、互ひの下宿を行き來、芝居や淨瑠璃にも共に行くやうになる親友、小西米太と出會ふ。その米太が「京鹿子」の追悼號に寄せた「其十君と私」といふ一文によると、

二人がほんたうに俳句を作り出したのは同時で中學卒業後間もなくのことである。(略)さうして、八年の九月に其十と號したのである。それまではよく喜郎とか西郎とか坡十などを使つてゐた。

この大正八年に遺されてゐる其十の俳句は、先の四句のみだと、又兵衛さんは書いてゐる。

そこで、草城と其十の出會ひが氣になる。草城は其十より二年後に生まれてゐるものの、學齢では一

年先を行つてゐる。中學三年の中途で同志社へ編入するまでの其十のことは知れないので、遅れた理由は分からない。病か貧困か、大正時代中期、寒村の少年が學問を志すには言ひ知れぬ葛藤があつたことだらう。

朝鮮の京城にゐた草城は、其十が同志社中學五年であつた大正七年、三高入學直前の八月に「ホトトギス」雑詠に初入選、入學後の十月には名和三幹竹のはからひで虚子にまみえ、骨董商で大阪毎日新聞京都滋賀附録俳壇選者の田中王城を紹介されてもゐるが、まだ其十とは出會つてゐない。

翌大正八年、其十は三月に同志社中學を卒業し、米太と共に俳句を作り始める。又兵衞さんの論を信じるならば、「春の汗」「宵の春」は、そんな時期の句といふことになる。

しかし、草城と出會ふのは當時九月始業の三高入學を待たなくてはならなかつたらう。

この年、若き草城は「ホトトギス」で輝かしい活躍を始め、衆目を集める。初夏には銀行員の岩田紫雲郎が九州から京都に轉居するといふので、虚子は手づから草城、紫雲郎雙方に手紙を書き、二人の出會ひを演出した。

九月、其十が三高に入學、どちらから聲を掛けたのかは知れないが、草城と其十が出會ひ、九月の内に、草城より一年先輩の三高生、高濱赤柿らを交へ、清水坂南入の紫雲郎庵で京大神陵俳句會[注一]が結成された。指導は子規や虚子の盟友、京大國文學教授の藤井紫影（本名、乙男）であつた。「小春」「白足袋」は冬の句だから、京大神陵俳句會結成後の句といふことにならう。

句會名となつた「神陵」とは、三高のあつた吉田山（神樂岡）のことでもあるが、もう一つ、三高の通稱として使はれてゐた呼び名だといふ重要な意味がある。ウィキペディアによると第三高等學校は

「東京の第一高等學校（一高）が『向陵』を稱したのに對し、神樂岡（吉田山）の麓にあることから『神陵』を稱した」らしい。また、三高八十年史は『神陵史』と名付けられてゐるさうだ。神陵は三高の稱號、三高そのものなのであつた。

ところで、其十の句は感覺的な把握の上に、色氣を帶びてゐた。又兵衛さんは、「感覺俳句・官能俳句」といひ、それは「纖細であり・精緻であり・頽廢的であり・變態的でもある句を指す」「西洋の詩で云ふならば、ボードレールやヴェルレーヌ、オスカー・ワイルドあたり、日本の繪で云ふならば、光琳や宗達や鈴木春信あたり。其十が出した線と色彩はそこまで達したのである」と絶讃する。

又兵衛さんの擧げた句から若干拔かう。

　春宵や抱かれて漏る、裾の紅《べに》　　其十
　春寒や美顏術師のもつれ指
　つゝじ吻《す》へば絶えぐ〵蜜のあまさ哉
　女裝して骨こまやかや青嵐
　蜘蛛の絲觸れてあやしき額かな
　白脛《しらはぎ》をべとりと舐めし牡丹かな
　秋冷や唇をはなる、指の音
　血しほうすく指にあつめて秋鼓
　ショールの香あくまで吸へば酸き甘さ

其十の句は俗に少年に期待するやうに言はれる健康的な性とかといふ綺麗事ではない。又兵衛さん風に頽廢的・變態的と言つてもいいが、童貞の軋みを持つ肉を感じるのだ。「女裝」の句は、南座へよく歌舞伎を見に行つたらしい其十のことだから、この一句からだけだと女形を詠んだものとも取れるものの、「京鹿子」に掲載された「女裝」と題する十句、

白足袋に茶の足かつとをさめたり　　其十
ゆき短き女袷や腕ちぢこめ

などのうちの一句（このことは京の俳人羽田野令さんから敎へられた）なのであり、其十自身が實際に女裝し、自らのあばらに細やかさを感じた時の陶醉感をこそ、僕たちは嗅ぎ取つたはうがよからう。「たはふれし女三千七百四十二人。小人のもてあそび七百二十五人」といふ「好色一代男」（井原西鶴作）の世之介を持ち出すまでもなく（「小人」は少年のことである）、近世までは男色（最近の言葉で言へば「ボーイズラブ」）といふのは、さして「變態的」といふほどのこともない性愛の形であつた。また、男色の春畫を見ると、片方が女裝してゐる繪がかなり多い。

又兵衞さんはまた、様々な女を詠んだ其十の二十一句を竝べてゐる。少し拔かう。

鏡立よりつき出し肘や藤の窓　　其十
許せ君が扇の風をぬすみしよ
われに笑んで繪日傘すぐる誰だあれは
責めるほどいはじと嚙みて月の唇《くち》
京女の艷を薄むる夜霧かな
眸は呂昇かそれはおしゆんか秋灯《ともし》　（堀川）

指輪のルビー寒く泳ぐや帯の上
灯ともし頃の眉を呑む絹頭巾かな
老妓化粧してざれ言なんぞ小夜千鳥

ときどき現れる自在な字餘りといひ、三、四句目のやうな語り句調といひ、實に自由に女を詠んでゐる。又兵衛さんは「流麗甘美な調子でもつて、吾々を魅了する」と書く。

草城の言葉を思ひ出す。『俳句文學全集　日野草城篇』（第一書房、昭和十二年）に載る次の言葉だ。

私ほど女人に關する作品を多く制作發表した俳句作家は少ないであらう。

（初出は「旗艦」昭和十年三月號、未見）

確かに俳句史に名を殘す人としてはその通りなのだらうが、いやいや草城さん、あなたの學生時代の同志にも一人、女を詠んだ人がゐたんですね、と呼びかけたくもなるのであつた。

一年後、大正九年九月、

薄光かたき螢の骸より　京都　其十

といふ一行が「ホトトギス」に載る。これが其十の雜詠初入選であつた。「骸より」に又兵衛さんの指摘する變態的官能美を讀み取ることもできよう。幻想感溢れる息苦しいほどに甘美な薄光ではないか。

十一月、「京鹿子」創刊。其十は原始同人となる。原始同人はたつた六名。紫雲郎、王城、野風呂の大人に、京大一回生の赤柿、三高三年生の草城、そして、三高二年生の其十であつた。

大正十一年三月三十日の虛子歡迎俳句會の記念寫眞を、高濱赤柿句集『凍蝶』（昭和四十二年、遺族による私家版）の口繪に見付けた。虛子、紫影を除く京大三高俳句會（京大神陵俳句會は結成後間もなく、自然に京大三高俳句會と呼ばれるやうになつてゆく）[注一]會員の參加者は十八名、草城は別格としても、其十がいかに抜きん出た存在であつたかが知れる。

ただ、順風滿帆の其十の俳三昧に、大正十年の初夏、突然暗雲が垂れ始めた。其十はまだ三高二年在學中であつた。

以下は、五十嵐播水の「浮び來る其十」と、同志社時代からの親友小西米太の「其十君と私」を基にしてゐる。

大正十年初夏、清水坂の紫雲郎庵にて句會が持たれたが、其十は缺席。「風邪で學校を休んでゐる」と山口誓子が出席者に告げる。その時は皆、大事とは思つてゐなかつたものの、二、三日して誓子が「其十が肋膜で府立病院に入院した」ことを播水に告げた。初期の肺結核が見つかつたのであらう。

梅雨に入り、ある日其十が醫學生で知識を持つてゐる播水へ「左肺下葉滲潤性」の「滲潤」の意味を教へてくれと聞きにくる。結核がかなり進行してきたのであらうか。

六月二十五日、學期末の試驗を終へた播水が、京都府立病院第十七號室へ其十を見舞つてゐる。まだ梅雨最中。

　狭霧おちて五月雨窓に比叡なし　　其十

といふ句を「此の日の事を詠んだ様な氣がして忘れられない」と播水は述懐する。

二、三日して播水は姫路へ歸省、間もなく其十から、退院して故鄉の丹波へ歸つたといふ報せが届く。七月上旬であらうか。實家療養である。

　退院人になやましきまで夏灯　　其十

は、退院直後、京極での吟だと播水が書いてゐる。右の報せに其十が書き記してゐたのであらう。

九月下旬「上洛する」といふ葉書が來たので、「まだ早い、一年くらい靜養せよ」と播水が返したにも關はらず、十月三日上洛、同級生の誓子と烏丸丸太町のカフェーに遊び、

　　きくさんは風邪引いてゐて靜か、な　　其十

といふ戯句を播水に送へた。きくさんは、其十お氣に入りの女給さんででもあつたか。烏丸丸太町は、同志社のある烏丸今出川と御所を隔てて南北に近い。

十月九日の日曜日に播水が其十の下宿へ訪ねたら、「今宇治の方へお發ちになりました」といふことだつたやうだ。宇治とは、親友米太の下宿であつた。

「蒼い顔した花嫁は大雨ならざる限り九日午前九時出館（略）『見れば見るほど美しいこんな殿御と添ひ臥の……』などいつて彼女は喜んでゐます」といふ葉書を、其十は米太に出してゐる。その後ひと月、其十は米太の下宿で子供のやうに巫山戯合つて遊び、語り合つたやうだ。「こゝに居る間全て君は女房氣どりをして、私を嬉しがらし、すつきり病のぬけぬ君もさうして喜んだ」と米太は書いてゐる。この其十のなりきりは變成女子ではないか。芝居好きの其十の戯れではあらうが、《人妻とやがてなる身や宵の春》を想起させるし、ここでも《女装して骨こまやかや青嵐》のやうに遊んだのかもしれない。米太とは戀仲だつたのだらうかと穿ちたくもなる。

　米太の下宿に轉がり込んで丁度ひと月、十一月八日、「韜晦の其十が再び京に現れ、二三日の中に故郷の冬へ歸つて行く。一度お目にかゝりたい」といふ其十の葉書を受け取つた播水は、誓子と共に翌朝四時半、暗いうちに京の下宿へ見舞ひに行つてゐる。播水は、痩せて微熱と下痢の續く其十に病院で受

診するやうに促し、「木枯」「マント」を題に句會をした。

木枯に煽られ舞ふや橋の女　其十

病が進行した苦しみの中でも、其十は女を詠んでゐる。いや、この「女」とは其十の自畫像と受け止める事もできる。

十一月十日、京大三高俳句會の紅葉の句會といふのがあつて、草城は都合が付かずに缺席したやうだが、其十は病を押して出た。冒頭で紹介した草城の追悼句のうち、「紅葉の句會に缺席して其十に逢はず」といふ前書の《返り花のしばしがほども見たかりし》の句會である。會は騒々しいものになつてしまつたと、播水は書いてゐるものの、そのこととは別に、其十の句は痛々しい。

夕月に黯《くろず》むのみの紅葉かな　其十

十一月十四日、播水が誓子とともに下宿に見舞ふと、次の日に歸省するための荷物が作られてゐたといふ。そして、話がちぐはぐで、あまりいい別れではなかつたやうだ。なんでも、「雜談が伸びて尼寺の生活といふものに觸れて行つた時、突然其十の機嫌が變つた」「俗談が病氣の結果內面的に聖《せいんと》の様になつてゐた其十の感觸に障つた」と播水は記錄する。

翌日其十は丹波山中の實家に戻り、二度と上洛することはなかつた。二ヶ月後、大正十一年一月十八日、其十永眠。

其十の作句歴はわづかに二年半程度、遺された句數は二百餘に過ぎない。だからと言つて忘れ去られるには餘りにも惜しい才能だつたのではないか。僕は室生犀星が「ミヤコ　ホテル」論爭の時に言ひ放つた「俳句は老人文學ではない」といふ言葉を思ひ出す。

草城を中心に三高と京大の若者たちが作り出してゐたものは、「ホトトギス」系の學生句會たる域を大きくはみ出してゐた。大正デモクラシーの風のなか、京都帝國大學の學風〈自由〉のもと、學生、生徒らの新しい感性が、虚子を中心とする季題趣味文學に、大きく楔を打ち込み始めてゐたのではなかつたか。

又兵衛さんがこんなことを書いてゐる。

其十がいよ〳〵頭角を現はし、その本領を發揮して、いはゆる感覺俳句・官能俳句をもつて雑詠欄に投じたところ、虚子先生はこれを異端視せられたのか、殆んど採られなかつた。（中略）モダーン・スピリットを有した草城が、無季俳句を提唱して「旗艦」に據り、素朴な誓子が（略）「ホトトギス」を去るに至つたのである。

其十は、俳諧自由を謳歌してゐる。短時日といへど其十が草城の傍にゐたことを思ひたい。若き學徒として切磋琢磨したもの同士[注二]、互ひに影響が無いわけがない。

大正十一年二月一日、其十歿後十四日目の夜、其十が入學を憧れてゐて、句會の度に通つた京大學生集會所の一室に、其十の遺影が置かれ、二十二人の若者が集つた。「其十追悼京大三高俳句會」であつた。紫雲郎の弔辭が殘つてゐる。

俳聖其十よ、君は至純なを《ママ》ちつきのある叙情詩人であつた。其の句作の態度は遅吟ではあつたが一面に於て熱のこもつたもので常に深い處を掘りこんで行くやうに見える。あの一句も苟しくもせぬと云ふ眞劍な作句態度は年若い俳人には眞似の出來ぬ處で常に敬服してゐた。

あゝ、君の如き英才を失つた事は誠に我が俳句界の爲め一大恨事である。然かも京都俳壇に新時代を劃した京大三高俳句會にとり一大損失であつた。
草城はまだ京都帝國大學法學部の一回生、誓子が東京帝國大學へ進學し京大三高俳句會を去る二ヶ月前であつた。

切ればある肉の紅さや乾び鮭　草城
乾鮭の重さ左手に持ち換へし　誓子

最後に、僕好みの其十俳句を十句抜き、報告を終へる。

其一　スヰートピーしほれつくしてなほ插し居り
其二　われに笑んで繪日傘すぐる誰だあれは
其三　薄光かたき螢の骸より
其四　秋冷や唇をはなる、指の音
其五　女裝して骨こまやかや青嵐
其六　ゆるせ君が扇の風をぬすみしよ
其七　秋風に今はことなるなみだかな（前書「病臥遂に秋を得たり三句」うち一句）
其八　白脛をべとりと舐めし牡丹かな
其九　人妻とやがてなる身や宵の春
其十　かくまでに行き濡れてお、お月さま

注一　「京大神陵俳句會」といふ呼稱について

室生幸太郎さんの編になる『日野草城句集』（平成十二年、角川書店）の「年譜」では、（傍点筆者、以下同）

大正八年　9月、虚子の紹介で、京都へ転じてきた岩田紫雲郎を知った。第三高等学校在学の同好者を集めて、神陵俳句会をはじめた。

大正九年　9月（略）鈴鹿野風呂を知った。神陵俳句会を改め、京大三高俳句会をはじめた。

とある。伊丹啓子さんの著『日野草城伝』（平成九年、沖積舎）でも、

大正八年　京都へ転じてきた岩田紫雲郎を知った。第三高等学校在学生で神陵俳句会を始めた。

大正九年　神陵俳句会を拡大し、京大三高俳句会を始めた。

とあり、神陵俳句會が先づ生まれ、それが京大三高俳句會に「改め」られ「拡大し」たとする諒解が一般的なやうだ。

新興俳句運動史に詳しい川名大さんの理解は少し異なる。川名さんは『現代俳句大辞典』（二千五年、三省堂）で、

一九一九（大8）年七月、日野草城、五十嵐播水ら三高在学生が結成した神陵俳句会が発展して、翌年三月二三日に創設された俳句会。

と解説する。これは、未參加の播水を登場させ「三高在学生」としてゐたり、二月二十三日のことであらう句会を「三月二三日」と記すなど、どうにも根據が怪しい。この川名解説は無視してよからう。

今回の調査で「ホトトギス」を繙いてゐるとき、大正八年十月號「地方俳句會」欄にこんな記事を見附けた。

京大神陵俳句會　　清水阪南入　岩田紫雲郎報

發心の秋を薏苡熟しけり　紫影
黄白菊暮色こま〴〵破れけり　草城
菊を嗅ぐわれは淋しき男かな　其十
蜻蛉はれて山なだらなり窓に倚る　紫雲郎

ほかに、一郎、まこと、南子、蚊遣火、まさとしの五人、合はせて九人の句が載る。この欄は長谷川零餘子が選をしてゐた。没の人もゐただらうから、この九人で全員だつたかどうかは知れない。紫影は、子規の友人だつた俳人で、近世文學の泰斗、藤井乙男。虚子とともに、この後草城らの會の指導的役割を果たす京大文學部の教授である。その人が「發心の秋」と詠んでゐるからには、これこそ「京大神陵俳句會」發足の句會だつたと看做してよいであらう。「薏苡」は「じゆずだま」で秋季。「發心」といふ佛教用語から數珠に掛け、「熟しけり」で會發足に對する祝意を込めた好吟だ。そして、發足第一回の句會から既に「京大」の名が冠さつてゐることは重い。將に紫雲の朗報である。

また、「ホトトギス」大正九年四月號に、草城が二月二十三日の虚子歡迎句會について詳しく報告してゐて、その中で「私達でやつてゐる京大三高俳句會」と記してゐた。「やつてゐる」と現在進行形であるところを見ると、それ以前から「京大三高俳句會」の呼稱が使はれてゐたことが知れる。この日が句会初參加であつた京大醫學部二回生五十嵐播水の「京大三高の虚子先生歡迎句會」といふ書き方に合ふ。

これらを勘案するに、「大正八年九月に藤井紫影を招いて京大神陵俳句會は發足した。ほどなく、會の名前は京大三高俳句會へと改められるやうになつて行つた」と、年譜を書き換へるのが妥當であらう。または、「大正八年九月、京大三高俳句會設立。當初は京大神陵俳句會と名乘つた」としてもよからう。

神陵俳句會が京大三高俳句會へ名稱を變へたといふ言ひ方には、三高の俳句會が京大をも巻き込むやうに發展していつたといふ印象がある。當初から「京大神陵俳句會」を名乘つてゐたのであれば、この印象は拭はれたはうが良いし、もちろん、紫影が京大の教授であつたといふ事情もあらうが、草城、其十をはじめ仲間たちの志は、結成時から京大を視野に入れてゐたのである。

大正九年九月は、當時の三高の新年度であつた。鹿兒島から戻つてきた鈴鹿野風呂と草城が出會ひ、其十の同級生、山口新比古（後の誓子）が加はるなど、二ヶ月後の「京鹿子」創刊に向けて意義深い月であつたことは確かだが、「京大三高俳句會をはじめた」月とするには無理がありさうだ。

注二「切磋琢磨したもの同士」について

京大三高俳句會で草城らと切磋琢磨してゐたのに、既に忘れられた存在となつてゐる俳人は多い。其十ら仲間の存在無くして、草城も誓子も無かつたはずである。

菊を嗅ぐわれは淋しき男かな　其十

遠野火や寂しき友と手をつなぐ　草城

白足袋にはねたる泥もかはきけり　其十

春泥に刎《は》泥《ね》もあげたる素足かな　草城

例へばこのやうに竝べてみる。草城の句はともに「ホトトギス」初巻頭八句（大正十年四月）の中の句で、僕たちの目に觸れやすい。

草城が手を繋いだ友とは其十だつたのではないか、素足とは白足袋を脱いだ其十の足だつたのではないか、といふ想像も出來るのだ。もちろん、さういふ空想も樂しからうといふだけの話ではあるけれど。

そのおもひ出人こそしらね稻の花

といふ句が其十にある。そして草城には、

春曉やひとこそ知らね木々の雨

といふ有名な若書きがある。草城の句の初出を確認出來てゐないのが殘念なのだが、さて、どちらが先だつたのか。いや、どちらが先であつたといふことはあまり意味のない穿鑿なのであつて、ことほど然樣に若き仲間は影響を与へ合ふといふことの見本として確認しておけばいいだらう。

「京鹿子」原始同人の一人、高濱赤柿には昭和四十二年に出た『凍蝶』といふ遺句集があるものの、略歴は無く、生年や本名を特定することは出來なかつた。ただし、「大正十二年春、京都帝國大學法學部を卒業」と、又兵衞さんが「跋」に書き殘してくれてゐる。逆算すると大正九年春京大入學。草城の一年先輩になる。九年十月には、

雨戸しめて夜の風鈴を隔てたり　赤柿

など、「ホトトギス」雑詠に二句入選を果たしてゐる。「ホトトギス」の成績を見る限り、其十よりいいやうだ。遺句集約千句のうち、「大正十年前後」百四十三句が當時の句として遺る。五句擧げる。

一《いつ》山《さん》の冷え凍蝶に集まりし　赤柿
夏の夜や地獄めがけて落つる魂
病める其十に
覺めてゐる其十に蚯蚓鳴き寄れり
牡丹雪大きく落ちて無かりけり
すねて云はぬ口縫つちまへ青簾

「地獄めがけて」「口縫つちまへ」などの觀念や遊び心も、定型を獲て力強い締りある言葉となつてゐる。實力者と言つてよい。

卒業後はいつたん俳句から離れ、實業界で活躍。播水や無絃（又兵衛さん）との付き合ひは終生續き、播水が主宰した「九年母」への投句が記録されてゐる。餘技程度とはいへ、俳句を大切な終生の友とした。

赤柿と同じ下宿で襖越しに起居を共にし、落語や顔見世に「腰巾着のやうにお供」したといふ一年後輩の又兵衛さんは、「大變趣味の廣い方で、その頃からすでに大人《たいじん》の俤があ」つたと述懷してゐる（『凍蝶』「跋」より）。今後再調査を要する俳人であらう。

「京鹿子」九人目の同人となる又兵衛さんの句も三句引いておく。赤柿の感化で紫影の風格に觸れたのが、國文學に進んだ縁だつたと自ら記してをり、關西大學文學部教授を長く務めた。「大學にマントを着てこられ、研究室で三味線を彈いておられた。（略）藪内流の茶道も宗匠で立派な先生」と、教へ子で大學理事長であつた森本靖一郎氏が語つてゐる（「關西大學ニュースレター」二千五年三月）。

硝煙の形くづれて秋晴るゝ　無絃
舞下る羽子を仰いで喉細し
春草を抽んでゝ土筆々々かな

其十の親友であつた小西米太については、今のところ殆ど手懸かりが得られない。インターネット上に《初結の髷が三人ともちがふ》《をけら火のこぼれて遠くちりにけり》といふいかにも京都らしい句が「小西米太」といふ名前で出てくるが、「京鹿子」か「九年母」かで俳句を作り續けてをられたのだとすると、嬉しい。

そして唯一確實な情報として僕が得たのは、次の事實。

其十の亡くなる大正十一年一月の「ホトトギス」に、

　菊の瓣おの〳〵まきて影を抱く　　京都　米太

が載つたのである。なんとも劇的なことに、米太の雜詠初入選だ。

其十は親友のこの快擧を目にしたであらうか。

すでに其十歿後九十二年、生誕百十五年となる。野風呂や播水はもとより、當時を知る人は既に皆、鬼籍に入つてをられる。

本稿は、「里」二千十一年十一月號（實質、二千十二年四月發行）に、

　新資料發見　千九百二十二年　其十夭逝　歿後九十年　時代の先端を驅け抜けた大正の異能俳人

として報告した文を基に加筆訂正したものである。同號に「其十句集」（京鹿子發行所編）、紫雲郎「其十の靈に捧ぐ」、「其十及び周邊年譜」（島田牙城編）などを資料として掲載してある。

また、關連記事として、

　室生幸太郎　其十感想――率直な疑問とともに
　宇多喜代子　急かねばならぬことやあまた
　伊丹啓子　其十発掘の快挙
　川名　大　其十復権――その多彩な新風
　四ッ谷　龍　中西其十と京大三高俳句会（以上、「里」二千十一年十二月號、特集「中西其十を讀む」）
　島田牙城　文獻、あるいは源流の一しづくへの道（「里」二千十二年一月號）

があることを記録しておく。

計らはない　歿後十四年目の爽波論

【爽波百句撰】

『鋪道の花』及びその時代

いつしかに蟻の味方となりて居し　鋪道の花時代（『鋪道の花』に收錄されなかつた句）
鳥の巣に鳥が入つてゆくところ
眞白な大きな電氣冷藏庫　鋪道の花時代
芒枯れ少しまじれる蘆も枯れ
大瀧に至り著きけり紅葉狩
指先で蚊取線香の灰を突く　鋪道の花時代
下るにはまだ早ければ秋の山
末黑野に雨の切尖限りなし
晝が夜となりし日傘を持ちつづけ
冬空や猫塀づたひどこへもゆける

鋪道の花時代

冬の空昨日につづき今日もあり

翅震ひながら柱を攀じゐる蛾

應へ鳴く聲もその木や枝蛙

冬空の汚れか玻璃の汚れかと

赤と青鬪つてゐる夕焼かな

春曉のダイヤモンドでも落ちてをらぬか

踏切を越え早乙女となりゆけり

金魚玉とり落しなば鋪道の花

『湯呑』及びその時代

本あけしほどのまぶしさ花八つ手

レールより雨降りはじむ犬ふぐり

櫻貝　長き　翼の　海の　星

美しやさくらんぼうも夜の雨も

夜の湖の暗きを流れ桐一葉

醉ひ戻り夜の鶏頭にぶつつかる

通夜の座の鮨の生身もあたゝかき

湯呑時代Ⅱ（『湯呑』に收錄されなかつた句）

白粉花吾子は淋しい子かも知れず

後頭は昏さの極み冬星見る

芹の水照るに用心忘れた鶏

柏餅の太い葉脈メス煮られ　湯呑時代Ⅰ
（『湯呑』に未収録なれど、『骰子』巻末に「『湯呑』時代」として収められた句）

サルビアの散つて同床異夢なりし

毛蟲樹々に滿てり散髪後の少年　湯呑時代Ⅰ

釣堀の四隅の水の疲れたる　湯呑時代Ⅰ

鶴凍てて花の如きを糞りにけり

ちぎり捨てあり山吹の花と葉と

雨風を厭ひて丹波今年竹　湯呑時代Ⅱ

帚木が帚木を押し傾けて

芭蕉葉の破れはためき人嫌ひ

掛稲のすぐそこにある湯呑かな

茶の花のするすると雨流しをり

左義長へ鵯もはげしく來て鳴けり

裏愛宕數戸大根いつ抜くのか　湯呑時代Ⅱ

山吹の花より蠅のくる疊　湯呑時代Ⅰ
薊見る實相院のまひるかな
じやがいもの花の三角四角かな
石叩とぶ豐年の村の中
眞赤にて厚きスリッパ年忘　湯呑時代Ⅱ
沈丁の花をじろりと見て過ぐる
涸るる水さらに三筋に岐れ落つ
あかあかと屛風の裾の忘れもの
山吹の黄を挾みゐる障子かな
鳥威し雨に沈みてゐるもあり　湯呑時代Ⅱ
惡筆のなれの果てなる福壽草　湯呑時代Ⅱ
雪兎作つて溶けて如意ヶ嶽
香奠の額を飼屋へ聞きにくる
ぼんやりと晩秋蠶に燈しあり
掛乞に京都大學正門あり　湯呑時代Ⅱ
虛子の鴨立子の鴨と見て立ちぬ

蜜豆や四圍の山なみ明智領

『骰子』

炬燵出て歩いてゆけば嵐山
虚子の忌を明日にぞくぞく海に星
波音の大王岬の蚊と生れ
仲秋の金蠅にしてパッと散る
黄落の我に減鹽醤油かな
天ぷらの海老の尾赤き冬の空
骰子の一の目赤し春の山
赤福の餡べつとりと山雪解
雪兎柔らかづくり固づくり
巻尺を伸ばしてゆけば源五郎
大金を持ちて茅の輪をくぐりけり
冬ざるるリボンかければ贈り物

『一筆』

ついてくる人はと見れば吾亦紅

磯巾着に連れてこられてゐたりけり
身ほとりにあり春風の玉手箱
天花粉まみれや寺のひとりつ子
行々子殿に一筆申すべく
多すぎるとおでんの種を叱りけり
手が冷た頬に當てれば頬冷た
キリストのうしろ白菜眞二つ
いろいろな泳ぎ方してプールにひとり
日めくりに今日の日があり胡麻の花
ゐのころの風に硯の海はあり
鉦叩虚子の世さして遠からず
金龜子とび續けをりいま何時
老人よどこも網戸にしてひとり
若者らどやどやと湯に稻の花
悲鳴にも似たり夜食の食べこぼし

『一筆』以後

地玉子とありそのすべて寒玉子
チューリップ花びら外れかけてをり
水遊びする子に手紙來ることなく
西日さしそこ動かせぬものばかり
夏山家尿まる糞まる意のままに
この襖開ければ雛壇の裏よ
ゐのこづち麻薬をかくし持つてゐる
肝つ玉母さん賀状書きに書く
新しき筧や盛り上り氷る
贈り呉れし人な忘れそちやんちやんこ
鮎塚とあり梅林の只中に
磯巾著に問ひかけてみたきこと
人は躁にあるひは鬱に源五郎
さくらんぼ月天心と思ひけり

大正十二年生まれの波多野爽波が亡くなつて、いつのまにやら十三年もの月日が流れてゐた。その間の最大の事件が、昨年末に起きてしまつた。田中裕明の死である。爽波を語るに相應ふのは、裕明を措いてゐない。その裕明のゐない今、僕にお鉢が回つてきたことに脱力感を抱いてゐる。

茶の花のするすると雨流しをり　爽波

茶の花の上の雨粒よく見ゆる　裕明

水遊びする子に手紙來ることなく　爽波

水遊びする子に先生から手紙　裕明

爽波に和し續けた裕明の俳句人生だつたと言つたら大げさになるのだらうか。

爽波と裕明、この詩質（俳質と言ふべきか）の違ふ二つの個性が師弟であつたことを、僕はいま嬉しく思つてゐる。

ところで普段、僕は爽波俳句を「ただごと俳句」と呼んでゐる。かう記すと何を言ひ出すのかと氣色ばむ人もゐるだらう。氣色ばむ人は氣色ばめばいいけれど、爽波俳句といふのは、現在流通してゐる、「俳句」とは何々であるといふ思ひ、まして「詩」の概念からさうたう遠いやうなのだ。抒情に訴へるやうな詩句を構築するのでもなく、宇宙の深遠にせまらうとするのでもなく、卑近を卑近のままに受け入れて、僕たちに指し示す。それが爽波俳句である。

これは實はすごいことなのであつて、近現代俳句の隱された革命だつたのかもしれないとさへ思つてゐる。たとへば「昨今の俳句の言葉は輕い」といふ論調が目立つけれど、はたしてこれはどこまで本當なのだらう。たしかに何の修錬も積まないままに、ただ輕い言葉を連ねてゐる人も散見されるけれど、威儀を正すことをやめ肩の力の拔けたいい俳句を作る人もゐる。爽波晩年の俳句といふのは、まさにこの典型であつたと思はれるし、ひよつとするとその先驅的な役割を果たしてゐたのかもしれないのだ。どういふことかと言ふと、爽波は、本人も氣付かないままに「俳」の精神を色濃く現代俳句に刷り込んだといふことである。

いつしかに蟻の味方となりて居し　　爽波

に、僕の「爽波百句」は始まる。たぶん爽波を語るときに始めて引用される句だと思ふ。俳句實作一年目の作品である。作者の沒頭振りが手に取るやうに見て取れる。じいつと蟻を見續けてゐる。そのうちに、「ああ、こいつらも生きてゐるんだな」と思ふ。そして、自らを蟻に重ねる。おつといけない。この「自らを蟻に重ねる」以後は書いてはいけないし、爽波も書いてはゐない。自らを蟻に重ねる以前に、いつのまにかああ蟻も頑張つてゐるんだなあと思ふまで蟻を見續けてゐる主人公の呆とした時間を爽波は書いただけなのだ。そこに讀者も呆とするし、呆とさせてくれるこの句は、もうそれだけで名句なのである。ただし、爽波自身がそのことに氣付いてゐないものだから、『鋪道の花』には採錄されなかつた。これは殘念なことであつた。宇多喜代子が『波多野爽波全集』第一卷（邑書林、千九百九十四年）の解說を書くときに發見した次の句もまた、さういふ意味で殘念な句である。

眞白な大きな電氣冷藏庫　　爽波

全集の編集擔當だつた僕は、宇多さんから原稿を受け取つた瞬間に絶句した。爽波さんにこんな句もあつたのかといふ絶句である。なんといふ馬鹿らしさであらうか。俳句の評で「よくもまあぬけぬけと」といふ言葉が發せられることがあるけれど、多くは「ぬけぬけと」のつぎに「オーバーなことを言ふものよ」が續く。しかし爽波俳句の場合、これは當て嵌らない。續く言葉は「ぬけぬけと何でもないことを言ひ放つたね」である。ここで考へてみたいのは、「冷藏庫」の句が昭和十六年の作なのに對し「蟻の味方」が昭和十五年の作であるといふ一年の違ひについてである。昭和十四年の秋、十六歳の時に「ホトトギス」を讀み耽り實作を始めた爽波の昭和十五年といふと、まだまだ虛子の直接の影響は少ない。卽ち「蟻の味方」の句は爽波の體質が作らせたと言へはしまひか。「冷藏庫」の時期には爽波はすでに虛子の膝元で俳句を作つてゐた。自らの資質に加へ虛子の敎へといふことも加味されよう。なるほど「ホトトギス」に入れば爽波ほどの秀才も「冷藏庫」のやうな內容のない俳句を作るのかといふ難癖もつけられようが、「蟻の味方」の句を考へると、この內容のなさはまさに爽波のもつて生まれた俳質そのものだつたことが知れるのである。僕は今敢へて「內容のない俳句」といふ言葉を使つてゐる。爽波が、その後訪れる「アロハ俳句」「末子俳句」などの「ホトトギス」の墮落に對して先銳的に批判していつた事實を知つてゐるし、それ以上に「痴呆俳句」といふ單語がホトトギス俳句への批判語であつたことも當然知つてゐる。それでもなほ且つ、僕は爽波俳句の內容のなさを强調したいのであり、それが爽波俳句の特質なのだと思ひ、その上で、この內容のなさこそが現代俳句の忘れてゐた本道なのかもしれぬのだと言はうとしてゐるのである。

金魚玉とり落しなば鋪道の花　　爽波

この爽波の初期代表句にしても、僕には、その內容の無さに於いて際立つた光を放つてゐると映る。買つた金魚を金魚玉に入れての家への途次、ふと不安になつた空想の句である。實際にあるのは、手に提げてゐる金魚玉だけ。ただ、爽波は昭和二十年代後半から昭和四十年代後半までのほぼ二十年間、いかに俳句に新しい息吹を吹き込むかを試行錯誤してゐた。「鋪道の花」の句もさうした時期の作品だつたので、ただごと性よりもぴりぴりした都會的な心のありやうがクローズアップされて讀まれることとなつた。爽波百句を次の六句を境にした前後で讀み比べて頂きたい。海が、とあるはつきりとした境界線でくつきりと色を變へるやうに、この六句の前と、六句を含む後半には明らかな溫度差がある。昭和四十九年の六句である。

ちぎり捨てあり山吹の花と葉と　　　　爽波
雨風を厭ひて丹波今年竹
帚木が帚木を押し傾けて
芭蕉葉の破れはためき人嫌ひ
掛稻のすぐそこにある湯呑かな
茶の花のするすると雨流しをり

昭和四十九年、爽波は赴任地德島から大阪に戻り、自身の俳句の再檢討に入る。結論はすぐに出た。一に再度虛子を讀み込むこと。二に自らへ寫生修錬を課すこと。三に季語探求を深めること。その一年目の結果が、右の六句である。《帚木が帚木を押し傾けて》は、「靑」の虛子特集のために宇佐美魚目と對談した翌日の、魚目の定宿木曾灰澤での、爽波流寫生（子規の寫生でも、虛子の寫生でもない）に徹して得られた一句であつた。この後、爽波はおびただしい「ただごと俳句」を生んでゆくこととなる。ではただごと俳句とは何なのだらう。ぼくは、「無内容」であり「人間の計らひを捨てた、あるがままを序す俳句」であると思つてゐる。

現代俳句の歴史といふのは、實は添加物の歴史なのではないかといふ予感がある。

子規の寫生からして西洋の藝術手法の俳句への添加である。以後、さまざまなものが俳句に添加されていつた。多くは西洋詩の概念の添加だつたやうだが、一時期はプロレタリア思想を代表とする政治思想の添加もなされた。個人的には仏教思想を添加する者、哲學概念を添加する者もゐた。極端に言ふと、現代の俳句に芭蕉の志向を取り入れることだつて、添加には違ひない。さうした何々を添加せんとする計らひを一切捨てたところにこそ、爽波俳句はある。

巻尺を伸ばしてゆけば源五郎　　爽波
多すぎるとおでんの種を叱りけり
悲鳴にも似たり夜食の食べこぼし
チューリップ花びら外れかけてをり

ところで、今回の百句選でおかしな二句に出會つた。

磯巾着に連れてこられてゐたりけり　　爽波
磯巾著に問ひかけてみたきこと

昭和六十一年と平成三年の作である。動物でありながら一と處に腰を据ゑ、水中花のやうに美しく靡いてゐながら一瞬にして魚を捕らへて一と飲みにしてしまふ磯巾着（著）。一句目は「磯巾着のゐる場所に」と讀むのが眞つ當なのだらうけれど、「磯巾着の誘ひにのつて何處其處へ」とも讀める不可思議な時空が廣がる。いやいや、「不可思議な時空」なんぞといふ解つたやうで解らない單語は使はぬが花。「變てこな構成になつてゐる」とでも言ひ直さうか。二句目はもつと變。磯巾著に何を問ふといふのか、でも、あの軟體動物には、何かを問ひかけてみたくなる親しみもある、と言へば言へるのかもしれない。いやいや、そんな大げさなことではなくて、なんとなく話しかけてみたくなつただけだよと、爽波さんは北叟笑んでゐるだらう。

爽波俳句には、僕たちに何でもないことを何でもないやうに提示しておいて、してやつたりと悦に入つてゐるやうなところがある。そして、僕たちの生きてゐる現實社會（もちろん自然も人工もひつくるめての話だが）といふものは、じつはこのなんでもないただごとの連續なのであつた。さう、ただごとの中にこそ、「俳」を生きる僕たちの居場所があるのだといふことを、あからさまに指し示してくれてゐる作品群、それが爽波俳句なのである。何かを添加することを止め、計らひを捨てることによつて生まれる俳句、それを爽波は俳句天惠と呼び、自由濶達と呼んだ。そしてそこへ至る爲の方法が多作多捨と多讀多憶、具體的には吟行を基本とする氣力と我慢の爽波流寫生の修錬だつたのである。もう一つ付け加へておかうか。爽波が「想像力」といふことを常言うてゐたといふことを。その實踐のために、句會予告に必ず「兼題」を附してゐた。「僕たちは題詠で鍛へられたのだ」と言うてゐた。爽波の頭の中では、題詠なくして寫生はなく、寫生なくして題詠もないのであつた。

（作品引用は『波多野爽波全集』邑書林に據つた）

講演録

波多野爽波の矜持

こんにちは。波多野爽波さんについて語る機會を頂きまして、有難うございます。

以前、二千十三年の十月二十六日にも寄せて頂きまして、その時には中西其十といふ日野草城さんの學生時代の俳句仲間について話させて頂きました。

その時は長野縣の佐久といふ田舍町から出て來たのですけれど、それから二年半、今日はここ伊丹の隣町、尼崎の武庫之荘からやつて參りました。引越したんです。元々京都の生まれ育ちだつたんで、關西人としましては出戻りです。宜しくお見知り置き下さい。僕は都合九回引越してゐますけれど、爽波さんも引越が多い方でした。

といふことで、爽波さんの話に入つてゆきます。

爽波さんが宮内大臣波多野敬直《よしなお》の孫だといふことは知られてゐますが、お父さんのことはあまり出てきません。おじいさんは大正三年から九年まで六年間宮内大臣を務められて、退任後子爵に叙せられてゐます。名相だつたさうですけれど、實は爽波さんがお母さんのお腹の中にゐるときに亡くなつてゐます。すなはち爽波さんは直接にはおじいさんの影響を受けてゐないんですね。勿論家系としての影響はあるのですけれど、幼少時代の人間形成には、やはりお父さんの影響が強いはずです。なのにお父さんのことはほとんど話題になりません。そこを抜きにして「子爵の孫」といふ部分だけで爽波を語つては、爽波を見誤ると思ひます。お父さんは映畫人で、最後は松竹の重役ですが、東大を卒業してから先づ日本銀行に入つてゐます。しかしすぐに辞めて日活に移るんです。ここにお父さんの一つの見識があるやうです。官僚的な生き方を嫌つて下野したのではないかと僕は見てゐます。

爽波さんは東京の澁谷の生まれで、澁谷の中で、松濤《しようたう》から金王《こんのう》、そして富ケ谷《とみがや》と、子供の頃に引越を繰り返してゐます。お父さんは映畫人ですが、途中、セネタースといふプロ野球チーム創設にも關はつてをられます。庶民の方へ常に視線を向けてをられるのです。庶民の娯樂と向き合ふ牛き方をしてをられた方でした。だからでせう、幼い爽波さんへ町つ子と遊べ、と言うてゐたさうです。爽波さんも貴族やお金持ちの上品で大人しい子と遊ぶより、町つ子とわいわい遊ぶ方が面白い。外へ出てメンコやベーゴマで大いに遊んださうです。ベーゴマは相當强かつたやうで、大人になつてからも自慢してをられます。メンコやベーゴマはご自分で駄菓子屋へ買ひに行かれたのでせうね。

子爵の孫らしい生活の一端もご紹介しませうか。爽波さんは幼稚園から高等科まで學習院でした。學習院はご存知のやうに宮内省の官立學校ですけれど、ここでもお父さんは外向きなんですね。私學へ行かせたかつた。しかし、お母さんが學習院を押したさうです。澁谷から學習院のある目白まで幼稚園から通ふことになるのですが、幼稚園時代は女中さんが電車に一緒に乘つて連れて行つてくれたさうです。初等科一年からは一人で通つたやうですけれど、遲刻しさうになると圓タク、タクシーで通つたといふから、すごいですね。

町つ子との遊びが面白い時代が過ぎると、同級生の賀陽宮邦壽王《かやのみやくにながおう》と親しくなるのですけれど、親しくなるそのなり方がまた、半端ではないのです。週末になると勉强道具一式宮家に運び、洗面用具は宮家で用意してくれ、土日をまるまる宮家で過ごしてしまふのです。で、月曜日の朝は宮家の車でご登校、ですよ。僕なんか下々の者には、想像つきませんな。

でもね、お父さんの考へ方が爽波さんにも浸透してゆきます。爽波さんの高等科時代といふと昭和十五年四月から十七年三月、日中戰爭が激しくなり、日米開戰直後までといふ時期で、日本全土が軍事色に一氣に染まります。井上白文地、中村三山、新木瑞夫、辻曾春、平畑靜塔、宮崎戎人、波止影夫、仁智榮坊が檢擧されたのが昭和十五年二月十四日、五月三日には石橋辰之助、和田邊水樓、杉村聖林子、三谷昭、渡邊白泉、堀内薫が捕まり、八月三十一日には西東三鬼が牢に入れられます。さういふ時期ですね。しかし、お父さんは「この戰爭は負ける」と言つて憚らなかつた。セネタースが敵國語使用禁止で翼軍と名前を變へる、さういふ時代、お父さんはそもそも戰爭が嫌ひなんです。プロ野球にしても映畫にしても、いはば平和の象徴ですからね。

で爽波さんは、教練の授業で教師役だつた軍人の言葉に逆らひます。高等科になると髪を伸ばしてもいい。さういふ學則（學習院ですから院則ですかね）だつたのですが、教練の軍人が「髪を切れ」と命じる。で、日々丸坊主になる生徒が增えていく。爽波さんたちは學則があるといふことで切らないんです。でも長髪が十人ほどに減つたとき、爽波さんはお父さんに相談する。「今、學校でこのやうな狀況にあるのですが、頭を丸めるべきでせうか」とね。するとお父さんは一言、「切るな」と應へたさうです。リベラリストで平和主義のお父さんの考へ方が見えてくるエピソードですね。

大學は京都帝國大學です。これ、僕もさう思ひ込んでゐたのですけれど、「吉井勇のやうに祇園で遊びたいから京大を選んだ」と傳說になつてゐます。ただ今回いろいろ讀んでいくと、京大ホトトギス會と東大ホトトギス會を比べて、東大ホトトギス會のはうが活氣があるから東大へ行かう、と考へてゐた節があります。「青」の創刊當初の座談會でさういふ話が何度か出てくるのです。ま、祇園町か俳句か、どちらにしても、勉强のための大學選びではないといふのは共通してゐますが、何故東大ではなく京大だつたのか、僕の想像の域ですけれど、官僚養成學校の側面を持つ東大より、〈自由〉の學風の京大を選んだのではないかと思うてをります。父親譲りの自由人であつたといふことがいへませう。そしてこれは、終生變はらない爽波さんらしさであつたのだとも思ひます。

社會人になられてからは、一時生命保險の外交員をやつた後、三和銀行といふ大阪據點の銀行マンになり、京都や神戸、そして海を渡つて德島などへと、比較的近いところへ、轉勤の度に引越してをられます。お仕事は、本社の經營相談室長といふのに就かれて大阪の旭區清水に引越し、最後は定年直前に藤澤藥品の監査役へと轉出し、枚方市走谷《はしりだに》に家を持たれて、そこでお亡くなりになりました。享年六十九。滿六十八歳九ヶ月。平成三年、千九百九十一年の十月十八日が命日でございます。墓所は京都岩倉の古刹、圓通寺さんでして、《夜の湖の暗きを流れ桐一葉》を刻んだ小さな句碑が、墓の傍らにご家族によつて平成二十四年に添へられました。この句は昭和三十一年の句で、爽波さんお氣に入り、よく揮毫されてゐました。早いもので、亡くなられてもう二十五年になるんですね。

亡くなられた時、僕は東京目黒の事務所にゐて、電話で訃報を受けたのですけれど、すぐに散歩に出ました。近くに王貞治さんのおうちがあり、その横に中根公園という廣い公園があるのです。そこで二時間もぼうつとしてゐたでせうか。すると、頭上から「ミィーン、ミィーン、ミィーン」て、蟬の聲が聞こえてくるのです。《十月に蟬を泣かせて逝きたまふ》といふ句を僕は句集に殘してゐますけれど、

「爽波さん、何遊んでるの」と思つたものです。この蟬の聲は爽波さんの悪戯《いたづら》だと思つたわけです。

さう、爽波さんの句つて、さういふところ、あるんですね。

ゴールデンウィークの靈柩車が行くよ

悲鳴にも似たり夜食の食べこぼし

とかね、

冬ざるるリボンかければ贈り物

磯巾著に問ひかけてみたきこと

なんてのもありますけれど、悪戯心のやうなものが垣間見える句ですね。「悲鳴」なんて言つても、全く切實ではない。

びつくりしてゐることが一つありましてね。爽波さんが亡くなつた時、僕は三十四歳やつたんですが、まあ、僕は既に離れてゐましたのでいいとして、今回始めて計算してみると、裕明君は十月十一日生まれですから三十一歳になつて一週間です。岸本尚毅君は三十歳、そして中岡毅雄君は十一月十日生まれですから二十八歳になる直前、まだ二十七歳ですよ。有爲な弟子たちがまだ學ばなくてはならない時期に早々に逝つてしまつた爽波さんには、「早すぎるやろ」つて、恨み事の一つも言ひたくなりましたね。

爽波さんについては一度、纏まつたものを書いてゐます。もう十一年も前になりますけれども、小澤實さんの「澤」が二千五年に五周年を迎へられましてね、〈特集／大正十年前後生まれの俳人〉といふ大特集をなさつて、僕が爽波さんを書かせて頂いたのです。今日は重複することも言ふかと思ひますが、お許し下さい。しかし、それ以外では爽波さんについてはほとんど書いてゐません。一つ忸怩たる思ひがございまして、書いてこなかつたといふことがあるのです。

「澤」に書かせて頂いた時も、

爽波を語るに相應ふのは、裕明を措いてゐない。その裕明のゐない今、僕にお鉢が回つてきたことに脱力感を抱いてゐる。

といふことから書き出して、

茶の花のするすると雨流しをり　爽波

茶の花の上の雨粒よく見ゆる　裕明

水遊びする子に手紙來ることなく　爽波

水遊びする子に先生から手紙　裕明

といふ四句を例に引いてゐました。裕明君は爽波さんが亡くなる平成三年までずつとその膝下で俳句を作り続けた「青」の若手の牽引者です。まさに爽波を語るに相應ふ人でしたが、僕にこの原稿依頼が届く三ヶ月前にあの世へ行つてしまつてゐました。

そして、今日もこの會場には爽波さんのお弟子さんがたくさん來てをられます。

私が爽波を語つてよいものか、これはやばいぞと、心底思つてをるのです。と申しますのも、私が「青」にをつたのが十七歳から二十四歳までのたつた七年間なのに加へまして、なんと「青」の同人になつてゐない。雜誌へ投稿するといふのは、これは誰にでも門戸が開かれてをるのですから、自由にできますすね。作品の質が惡ければ主宰者は沒にすればいいだけのことですから。その段階では師弟關係とはまだ言へません。主宰から同人に推擧されて始めて師弟でせう。一年間「青」の編集長をやらせていただきましたけれど、あれは言うてみれば丁稚奉公でしてね。

しかし、そんな事も言うてをられませんので、お役目を果たさせて頂きます。

ただ、この會場では既に原田暹さんが、平成二十四年に「波多野爽波 人と作品」を發表なさり、會の紀要「俳句史研究」第二十一號に講演錄も掲載されてをりますので、今日はランダムに思ひ付いた事を話させて頂かうと思ひます。

爽波さんが亡くなつて二十五年と申しましたが、ただ、爽波さんは大變に幸せな方だと思ひます。亡くなつてからも讀者が增えてゐるんです。この現象といふのは、最近の俳句界としてはすごく珍しい例ではないのかなと思つてゐます。相當な實力者であつても、亡くなつたらぱたりと忘れ去られます。總合誌なんかであまり例句を見ない最近亡くなつた方つて、お名前は出しませんけれど、みなさんも五人や十人、たちどころに擧げられるのと違ひますか。そんな中で、若い人たちと話してゐてよく話題として出てくる名前に爽波さんがゐる。これは多分に上田信治さんのお力があるのです。上田さんは「週刊俳句」といふウェブマガジンの編集者ですけれど、爽波さんが好きでよく觸れて下さる。「週刊俳句」は二十代から五十代くらゐの俳人や、ウェブ上で俳句を始めたといふやうな人たちに讀者を澤山持つてゐますから、さういふ若い俳人たちの腦にすうーつと爽波さんとその俳句が吸ひ込まれていくんです。小川春休といふ若い方もツイッターで「今朝の爽波」といふ作品鑑賞をやる。そしてこれがまた、「週刊俳句」に轉載される、といふ好循環です。

で、私、邑書林といふ本屋をやつてゐますので、『再讀 波多野爽波』といふ本を小林千史、柴田千晶、山田露結、榮猿丸、冨田拓也といふ爽波さんを知らない世代の、それも「青」とは直接關係のない人たちを編著者にして出しました。

　すると面白いことが起こりました。「精選爽波四百句」といふのを五人に選んでもらつたのですが、『鋪道の花』から『一筆』まで（即ち最晩年の、句集として編まれる事のなかつた平成に入つてからの句を除いて）三百六十六句のうち、百四十三句、ほぼ四割までもが、句集に未收錄の句なのです。これには一つ絡繰が有ることは有りまして、第二句集の『湯呑』、《掛稲のすぐそこにある湯呑かな》といふ代表句を収める句集ですけれど、これが昭和二十九年から昭和五十四年まで、二十六年間の句をたつた四百句しか收めてゐないといふ句集なんです。また、この期間の前半、昭和三十年代、四十年代前半といふのは、爽波さん自身が「放蕩時代」と書いてゐますけれど、前衛作家と交流を重ねた時代でありまして、思ひ切り作品を捨ててゐるのです。その時代の未收錄句に、若い編著者たちが飛びついて、『再讀　波多野爽波』では「湯呑時代」百九十五句のうち半數以上の百七句までが句集未收錄作品なんです。

　しかし、それを差し引いたとしても、殘りの百七十一句のうち三十六句が句集未收錄でした。これはなかなかに愉快な數字だと思つてゐます。新しい人、柵《しがらみ》の無い人が選をすると、句集から落とされた句の中にもその俳人の面白い句が見つかる、といふことですね。

　波に乗りその儘岸にあがりたる　　昭和十六年
　クリスマスツリーにふれて踊りけり　　昭和二十二年
　星流れ道路工事の地に置く灯　　昭和三十一年
　枯蘆中百鬼夜行のネオンひとつ　　昭和三十三年
　夏帽各種の陳列の高さ異なる　　昭和三十八年

どこも絨緞で疲れるホテル星が流れ　昭和三十八年
新社員から生の質問陽を負う背　昭和三十九年
裏愛宕數戸大根いつ抜くのか　昭和五十年
だから褞袍は嫌よ家ぢゆうをぶらぶら　昭和六十二年
たんぽぽをくるくるとヤクルトのをばさん　昭和六十三年

といつた作品たちです。(「新社員」の句の頃、概ね昭和三十八年から四十四年頃、爽波さんは現代假名遣ひを用ひてゐました)。

で、この、句集から落とされた句にも爽波らしい面白い句はあるぞ、といふことを始めにおほつぴらにおやりになつたのが、宇多喜代子さんでした。『波多野爽波全集』第一巻の解説を僕は宇多さんにお願ひしました。すると、届いた原稿の一枚目、タイトルですけれど、そこに、

讃・真白な大きな電気冷蔵庫

と認められてゐたのです。びつくりしました。見た瞬間は、俳句なのかどうかも判然としない。でもどうも俳句らしい。しかし、ぼくには全く記憶に無い句なのです。宇多さんはこの句を文中で引用なさる直前にかう書いてをられます。

『波多野爽波全集』には既刊句集収載句以外の句が収集されているが、中に次の句があり、思わず爽波の面目をおもったことであった。

そして「即諾明解」「簡単明瞭」「説明を一切必要としない」「工夫とか技巧とかが一切ない」と、爽波さんの俳句の特質を上げた後、「なかなかの味」と書いて下さつてゐます。

「玉藻」昭和十六年九月號初出であることは、すぐに知れました。昭和十六年ですからね。まだ電氣冷藏庫なんて全く普及してゐません。「三種の神器」なんて言葉でやうやく普及し始めるのが昭和三十年ころからですね。で、本當に各家庭に冷藏庫が入つてくるのは、高度經濟成長期を待たなくてはならない。その十五年も前にこんな句を爽波さんは作つて、冷藏庫に驚いてをるんです。場所はどこでせうかねえ。波多野家に冷藏庫が入つたのか、賀陽宮家で見たといふことも、否定できませんねえ。

まあそれはいいとして、この「驚き」といふのは、爽波さんの俳句の肝でしてね、爽波さんは「感動」といふ言葉が嫌ひだつたんです。感動するなんていふのは緩いし甘い、とね。俳句といふのはもつと瞬時のものだと。「感動」ではなくて、「驚き」だとね。で、この「驚き」といふ言葉ですが、多く誤解されてゐる氣がしてゐます。どう誤解されてゐるかといふと、「感動」といふ言葉を「驚き」といふ言葉に置き換へただけではないのか、とね。違ふんです。

感動を詠む
驚きを詠む

といふことなら、これは單語の置き換へですね。「感動」と「驚き」はどう違ふのか、といふ話になります。でもさうではない。爽波さんの驚きはそこにはありません。

詠んだ結果に驚く

んです。句帖に書き留めた後、出來た作品に自身が驚く。ですから、爽波さんは芭蕉さんの「ものの見えたる光」といふのも時に否定してをられました。「消えざる内に」言ひ止めるなんていふのでは遲い、「芭蕉ももどかしいことを言ふ」とね。尚毅君や裕明君が爽波俳句の「スピード」といふことを言うてますね。それは、さういふことです。そこに爽波流の寫生の大きなポイントがあると思ひます。

では、俳人とは何かといふと、さういふ俳句の受け皿なんです。爽波さんは、「ホトトギス」昭和二十三年二月號に書いた「自分の作る句に就て」以降、俳句天惠說、俳句は天からの授かり物だと言ひだします。爽波さん二十五歳です。


普通俳句を「作る」というが、この「作る」という言葉すら僕の氣持にはぴったり來ない氣がする。何故ならば僕の場合など大ていは、僕が作るというよりもむしろ自然に出來てしまうのである。俳人自身が一切の計らひを捨てる、眞白になる、そこまで自らの神經を研ぎ澄ます、そのために書いて書いて多作する。その果に最後の最後に授かる一句、その手應へ、これはもう、言つてみれば自動筆記、オートマティスムです。俳句の神に憑依される、憑かれる。


これにはたと膝を打つたのが、阿部完市さんです。阿部さんは若い頃にＬＳＤを使用して俳句の自動筆記を試みるといふ實驗をされてゐますけれど、千九百七十七年、飯島晴子さんに伴はれて、近江高島へ爽波さんに會ひにこられてゐます。その時の事を「その多作とその速度」に「ひどく心惹かれ、そして高島へ行った」と書き殘してをられます。

《眞白な大きな電氣冷藏庫》の頃はまだ句作二年目で爽波さん自身に自覺はなかつたでせうけれど、生まれながらの資質が反映されてゐたのだと思ひます。

話を戻しますが、爽波さん自身が句集から落とした句を、後の世の人が掬ひ上げてゐるのですから、爽波さんにしたら形無しですはな。

でも、爽波さんはきつとそれを樂しまれると思ひます。今日は二枚の參考資料をお配りしてゐます。

↑「青」昭和三十八年七月號「爽波作品批判特集」より

37年度爽波作品抄 ＜自選＞

1. 白昼や道に湧水虎落笛
2. 風入れてみるみる雛の貌冷ゆる
3. パチンコ屋遅日店頭石鹸《シャボン》減り
4. 割箸割る春温む水満々と
5. 点いてすぐ夕東風ネオンひた勢ふ
6. 春愁の芝生より石蹴り出だす
7. 一《ひと》日の靴脱ぎ豆飯に足火照る
8. 豆飯食ふ頭を木琴の越えゆくよ
9. むく豌豆愛語のごとく床をまろぶ
10. ペン置く夕紅白つつじの白が勝ち
11. 青蛙時報につづき高鳴る楽
12. 走り梅雨麒麟の首のおよぎくる
13. そよぎて止みそよぎて止む葉や実梅太る
14. 掌につく錆日にあたたまる栗の花
15. 桃すすりあと寝に近き息安ら
16. ドレスの背につきまとう蚊よ遠い月
17. 氷菓売細目で雨後の人出測る
18. 夏木かげ古自転車は輝やかず
19. 岡持あけて丼一つ冬の蝶
20. 後頭は昏さの極み冬星見る

＜ランク付け基準＞
◎……大変良いと思う句。または今後ますます作ってほしいと思う傾向の句。
○……爽波作品として一応水準以上の句。
△……爽波作品として普通のレベルの句。または今後こういう句を作ってもあまり将来のプラスとは考えられない句。
×……良くない句。無理な句。わからない句。今後作ってもらいたくない傾向の句。

	1	2	3	4	5	6	7	8	9	10	11	12	13	14	15	16	17	18	19	20
文萠	△	○	△	○	△	○	◎	×	○	×	△	△	△	○	△	○	×	×	×	◎
あきら	◎	○	○	△	△	△	△	△	○	△	○	◎	◎	◎	○	○	△	△	○	◎
秀芝	×	×	×	×	×	×	○	○	○	×	△	○	○	×	△	○	△	×	◎	◎
子郷	○	△	△	△	○	×	◎	△	○	×	○	○	◎	○	○	◎	○	×	△	◎
隆世	△	○	◎	×	◎	×	○	△	△	○	○	○	◎	○	△	○	×	×	○	×
啓一郎	○	△	○	○	○	×	◎	×	△	×	◎	○	×	◎	◎	○	△	×	△	◎
たかを	◎	○	○	×	○	○	○	○	◎	○	○	◎	◎	△	○	◎	×	△	○	○
三樹夫	◎	◎	◎	△	△	×	△	△	×	×	△	○	◎	○	○	○	○	×	△	◎
章夫	△	○	○	△	△	△	△	△	×	△	△	◎	◎	△	×	×	○	△	○	◎
貞子	○	◎	◎	○	△	△	△	△	○	○	◎	◎	○	◎	○	○	○	○	△	◎
和子	△	○	◎	○	○	○	◎	△	○	△	△	○	◎	○	◎	○	◎	○	×	○
愛	◎	△	○	○	×	△	◎	×	○	◎	×	○	◎	△	○	○	◎	×	×	◎

「青」昭和三十七年一月號「爽波作品の回顧」より←

たかを　「陽気な」という言葉は媾曳という古い言葉をもって来たから出て来たと思うんです。

秀芝　「単車でくる陽気な媾曳」までは面白いと思った。いろんな世界が連想されてくるんでね。しかし「新樹の夜」として現実に戻してしまった。一ペンにムードが消されてしまったような感じで「新樹の夜」でなしにもう少しふさわしいものがあってもいいと思う。そこまでやはり言葉の上で努力してほしいと思う。

文萠　次は×の句に移りましょう。

浄財募って木々に巣箱や新樹風　(6)
(×あ、秀、可、文、仁)

文萠　全員反対。(笑)簡単にすませましょう。

たかを　観念的に先走ってるように思う。

文萠　バード・デーのポスター。

あきら　その通りなんですよ。小鳥の週間を説明したにすぎぬ。

秀芝　やはり巣箱をみて作ったんでしょうね。

あきら　巣箱をみつけたときに詠えば「浄財募って」は出て来ないと思う。

可能　募金を見て集ったとすれば「樹々に巣箱」は出てこない。

たかを　前に浄財を出していて巣箱を見た。

文萠　あまりに好意的な解釈だ。

初空や人出け橋に測られて　(1)
(×文、あ)

たかを　僕はそう悪いと思わないんですが、人出を橋に見たんでしょうが、そういう見方は僕も好きですから。

あきら　この句一体どこが面白いんでしょうかね、こういうことに全然興味を感じないんです。

可能　平常はもっと人出のある橋に正月でいつものよりひっそりしている、その感じからそのバックの初空をいつもとちがった感じで見ているように思う。

あきら　人出が多いでしょう。

たかを　どこか参道か何かの橋で人出が橋に溢れんばかり沢山いる、それを横から見ているのだと思う。そのバックに初空がある。

あきら　新聞報道位のものじゃないかと思う、特に詩を感じませんね。

可能　人出じゃ僕も詩を感じない。

秀芝　これ一月号でしょう、正月以前に作った句ですよ。きっと、だから正月の感じじ昭和三十七年の「爽波作品批判特集」と三十六年の「爽波作品の回顧」の一部です（前ページ參照）。かういふ特集を「青」では昭和三十年代後半に毎年やつてゐました。主宰の作品ですよ。それへ同人會員が×《バツテン》を付ける。三十七年の方は、批評特集でないことに注目して頂きたいと思ひます。批判特集です。そこに「青」といふ雑誌の特色の一端が伺へるのではないでせうか。《夏木かげ古自轉車は輝かず》は十二人中七人が×ですね。面白いのは「ランク付け基準」の文言で、「×」は「良くない句。無理な句。わからない句。」の次に「今後作ってもらいたくない傾向の句」とあること。そんな基準で爽波さんの句を讀んでゐる。もう一枚の座談會の方では、左ページの上段、《淨財募って木々に巣箱や新樹風》。この座談會は五人で行はれたのですが、なんと全員×。かういふことを眞面目に眞剣にやつてゐる。

かういふのを見ると、句集に載せてゐない句から句を拔かれる事も、爽波さんは樂しんでくれるだらうとおもふのです。

後になつてぼくもこの、未收録句にドカンとやられる經驗をしました。

　　いつしかに蟻の味方となりてゐし

といふ句です。僕はこの呆とした時間をさりげなく書いた高校生の爽波さんが大好きなんです。昭和十五年十月の「玉藻」掲載で、句歴半年の作品といふことになりませう。

もちろん句集に収録されてゐる句は作者自選ですからもつとも尊重されるべきではありますけれど、さうでない句たちもまた、讀み返してみるとその俳人らしい句といふものが案外あるものです。後年殘された我々が再評價するといふのは、かうして見てくると有意義なことなのではないでせうか。さうすることで、作家は生き續けるのです。そして、その俳人が新たな顔で蘇る。さうした努力を僕たちは續けていかなくてはならないと、痛切に感じてをります。いけないのは、すでに人口に膾炙してゐる句だけで語り繼ぐこと。語り繼がうとする人の意表を衝く發見が、亡くなつた俳人を死後もなほ長生きさせるのではないでせうか。

「時間によつて淘汰される」「時間の淘汰にお任せする」などと暢氣なことを言ふ人もをりますが、違ひますね。語り繼ぐ努力、幾度も幾度も再評價しつづける地道な仕事を繰り返さないと、どんなにいい仕事をした人でも忘れられていきますね。だからこそ、この大阪俳句史研究會のお仕事は實に貴重だなあと、敬意を持つてをりました。

さて、今日は爽波さんの怒りといふか、嘆きといふものにちよつと觸れてみたいなと思つてゐますのですが、先程から僕、「爽波さん」と「さん」で呼ばせて頂いてをりますね。「さん」だつて立派な敬稱ですけれど、これは普通の結社誌では考へられないことなのではないかなと思ひます。一般的には、主宰者に對しては「先生」を使ふでせう。主宰を繼承した人が若かつたり自分より句歴が淺かつたりすると「先生」とは言ひにくくて「主宰」と呼んでごまかす場合もあるのでせうが、大抵は「先生」ですよ。でも、「青」では昭和四十九年までは爽波さんのことを「さん」で呼んでゐました。面白い線引きなんですけれど、「青」三十八年の歴史のうち、二十一年間は「さん」であつたといふことは、爽波さんを考へる時に大切なことなんです。「青」はどのやうにして生まれたのか、といふことに關はります。僕は昭和四十九年三月から投句してゐまして、最後の「爽波さん」世代で、直後に入つた裕明君は「爽波先生」世代になります。で、それまで「さん」で呼んでゐた仲間や弟子たちは、最後まで、そして今もなほ「さん」と呼び續けてゐます。

「青」といふのは、その母體は「春菜會」といふグループなのですが、京大ホトトギス會です。その中の熱心な五人が爽波さんのおうち、京都市左京區田中春菜町十三番地に集つて、「ホトトギス」へ今月はどの句を出さうかといふ檢討會をやるやうになり、地名を戴いて「春菜會」がスタートするのです。この地名番地、今も殘つてをります。叡電の元田中驛と茶山驛のちやうど中間あたり、東側で、少し南が京都大學の北端になります。大學時代に下宿したことのある北白川莊のすぐ北側に結婚して新居を設けたといふことです。昭和二十二年の六月に發足してゐまして、昭和二十三年からは「春菜會會報」といふのを出したり、「春菜會作品集」といふのを年一回出したりしてゐます。當時の例に漏れず、ガリ刷りで、更半紙です。今日はコピーを持つてきました。「春菜會會報」の一號は、「昭和23年10月1日」と書かれてゐまして、「新人會對春菜會　對抗句會成績」といふのが載つてゐます。これは、京大グループ對東大グループで、兼題を出し合つて虛子選を競ふといふ通信句會です。二十三年の二月から始まつてゐます。新人會の方には深見けん二、上野泰、湯淺桃邑、清崎敏郎といつた方々、春菜會には波多野爽波、太田文萠、山形理、島田刀根夫といつた人々に混じつて、粟津松彩子さんの名前もあります。松彩子さんは明治四十五年のお生まれですから、當時三十六歲かな、學生たちと膝を突き合はせて研鑽してをられる。松彩子さんのおうちには、京大生だつた藤後左右さんが下宿なさり、その後爽波さんも一時下宿してをられます。爽波さんと松彩子さんは、戰前から句會を共にする仲間でもありました。

で、爽波さんといふのは、さういふグループのリーダーなんですね。先生と呼べるのはあくまでも高濱虛子一人。當時の爽波さんの熱い氣持を象徵してゐるやうな言葉があります。昭和二十四年の「春菜

會作品集」の巻頭言ですけれども、

我々はあくまでも虚子先生の直參でありたい

といふのです。「直參」ですよ。主君に直接仕へる者です。

これは、爽波さん終生の矜恃、プライドとしてあつたと思ひますねえ。爽波さんは入門直後から虚子の膝下で虚子の言葉を聞きながら俳句を學んでゐます。昭和十四年の秋に鎌倉の叔父さんの家にあつた「ホトトギス」を読み耽つて俳句を始めるのですけれど、昭和十五年一月には早くも「ホトトギス」に初入選してゐます。

静かなる祖母の起居や萩の花　學習院　波多野敬榮《よしひで》

本名です（ルビは筆者が附した）。十七歳でした。で、その年の四月三日には、星野立子の仲介で、虚子に見《まみ》えてゐます。爽波さんの俳句修業は、いきなり虚子です。間に誰もゐません。まあ、山路閑古がゐたり、岩田水鳥がゐたりといふことはあるのですけれど、まつすぐに虚子に見《まみ》え、その謦咳に觸れてゐる。だからこその「直參」ですよ。その矜恃はすごく强かつたですね。

僕にはその經驗はないのですけれども、後によく聞いたのが、昭和五十年代、六十年代、「虚子」と呼び捨てにする弟子が增えてきて、「虚子先生」と言ひなさい、とね。そんな話をよく耳にしました。僕が「虚子」つて呼び捨てにしても、別段叱られた記憶はないんですけれどね。

そして、この春菜會が母體となつて「靑」が創刊されたのが昭和二十八年十月です。虚子以外に先生はゐないし、それまでもグループのリーダーであつた爽波さんを、當然のやうに誰もが「さん」で呼んだ。その傳統が昭和四十九年まで續いたといふことです。

ところで、「青」創刊のスローガンは、

新人層の結集を圖る

です。この「新人層」といふのは「ホトトギスの」といふことですけれども、どうも、ここに爽波さんの第一の嘆きといふか、怒りといふかが見え隱れしてをります。それは、「ホトトギス」雜詠欄への不滿ですね。痴呆俳句といふ言ひ方はみなさんも聞かれたことがあるのではと思ひますけれど、「青」を讀んでゐて目にするのが「末子《ばっし》俳句」とか「アロハ俳句」といふ呼び方です。「ホトトギス」俳句を揶揄する言葉たちです。戰爭が終はつたあとのホトトギス俳句が、虛子の敎へである寫生に徹する事なく、小主觀に走つたり、お手輕なつぶやきに流れたりしてゐる、それへの不滿です。高濱年尾さんが昭和二十六年あたりから雜詠選に當たられます。虛子選といふ絕對的な信賴によつてなりたつてゐた「ホトトギス」の內容が搖らぎ始めるわけです。虛子の寫生の忠實な實踐をおろそかにしてゐるのではないか、といふ不滿ですね。また、當時の「青」を讀んでゐて感じるのですが、「ホトトギス」に載る文章や記事のマンネリ化弱體化への不滿も强かつたやうです。

「青」昭和三十年二月號に「ホトトギスの一年を顧る」といふ編輯同人による座談會が載ります。

爽波　兎も角若い人たちに作句意慾を燃やす樣な編輯をして欲しい。

あきら　讀んでも全然こつちへ應へて來ない。

といふところから始まつて、例へば上野泰の句に對して、

文萠　今年の泰さんの句はどうも……。

あきら　一年程前から泰さんには注目しなくなつてしまつた。

爽波　凛とした句がなくなつてしまつた。
あきら　《七夕の貧しき家の竝びをり》なんか當り前ではないか。
爽波　《尼寺の苔の中より秋櫻》にしてもどうしても初心者の句だ。《末の子の豪傑笑ひ初笑ひ》などもどこがいいのかね。

と、もう言ひたい放題。「あきら」は大峯あきらさんですね。「文蒴」は太田文蒴さん。そしてこの《末の子の豪傑笑ひ初笑ひ》がいはゆる末子俳句です。爽波さん三十二歳のころです。ホトトギス俳句をどうしたいのか、といふ情熱、内部批判ではあるのですけれど、戰前の誌面との比較などもされてゐて、凋落を感じてゐることが分かります。續く三月號には阿波野青畝さんのはがきが載つて、僕の言ひたい事を言つてくれてゐると、贊同されてゐますから、勢ひのあつた頃の「ホトトギス」を知る方々に共通する危機感だつたのでせう。また、この號の消息欄で爽波さんは、

青はもとより花鳥諷詠の徒であり、寫生の徒であります。そしてホトトギスの昔日の隆盛を再現せんとひたすらに勵むもの丶集いであります。

と綴つてゐます。決意表明を裝うた言ひ譯ですね。

これが伏線となつて、昭和三十二年十月二十七日に天六の大阪府立教員會館で爽波さんの思ひが爆發します。今の「たかつガーデン」だと思ふんですけれど、詳しくは調べてゐません。

そこで開かれた「かつらぎ青年俳句大會」に來賓として呼ばれて挨拶をするんです。「かつらぎ」を編輯してゐた森田峠さんが主導なさつた會で、舟津りん一さんが「かつらぎ」昭和三十三年一月號に書いてゐる大會記によると「青畝・玉骨・無涯子などの、一見老人風の青年」も混じつてゐたやうですが、

「七十名ほどの若者が集ま」つたさうです。そこで挨拶に立つた爽波さんは、かういふ若い人ばかりの句會が持たれた事へ「うれしく思う」と通り一遍のお祝ひを述べた直後、

ホトトギス俳句は、誤解を恐れずに一言に言えば、古い。若い作者がこれを安易に肯定していては駄目です。

と自説を話し始めます。「ホトトギス」に載る俳句がどうにも袋小路に嵌つてしまつてゐるといふ嘆きであり、そのぬるま湯に易々と浸かつてゐる若い人たちへの怒りであつたのだらうと思ひます。

先に紹介した「青」の座談會へ我が意を得たり、といふやうなはがきを青畝さんから貰つてゐたといふ事も、爽波さんの背中を押したのかもしれません。

先人によつて打ち建てられた理念に對する盲目的な信頼は、決してわれわれに勇氣を與えません。

と繼いで、「平明にして餘韻あり」とか「深は新なり」とか「俳句はものを言わない詩である」とかといふ言葉に對して「われわれが心から納得できるかどうか」だと言ひ、

俳句は極樂の文學だ、と言われても、平素句作に當たつては、苦しみを覺えることが多く、身を削るという言葉通りのこともあります。熱情を持つ者にとつては、一つの枠の中へ身をかがめる態度にはがまんできません。

と怒りを露はにしてゆきます。

昭和三十二年三十三年ころの爽波さんの句を拔いておきませうか。神戸に轉勤してきた金子兜太さんを招いて「青」で座談會をするなど、時には「爽波の前衛かぶれ」なんていふ批難まで浴びせられる放蕩時代の始まりの頃なんですけれど、しかし、俳句作りの根本は不變です。

酔ひ戻り夜の鶏頭にぶつつかる
夕方の顔が爽やか吉野の子
葉櫻の頃の電車は突つ走る

この「かつらぎ」での挨拶でも、

自ら骨身をけずつて苦しみ、ある時は疑い、考え、その果に、自分のものとしての寫生を、俳句をつかみたいと思うのです。規定のコースを歩くだけでは駄目です。

と語つてゐますが、爽波さんの前衞作家への接近の理由を、このことばは端的に現してゐるでせう。始めに出しました《眞白な大きな電氣冷藏庫》から比べると複雑にはなつてきてゐますけれど、具體から入つて描き切る俳句で、印象明瞭であることは變はつてゐません。

ただ、《眞白な大きな電氣冷藏庫》や、後年生まれる《チューリップ花びら外れかけてをり》のやうな何も無いただごと俳句(「ただごと俳句」といふのは、僕が爽波さんの俳句について言ふときには、どこまでも褒め言葉ですよ。爽波さんはただごとの達人ですから)、まあ、さういふ俳句とは違つて、何か言ひたくて仕方がない俳句ではありますね。

この事は「かつらぎ」の大會での話の中で、

私なら、もつと言つてみたい、と思うし、平明にして餘韻ありという句は頼りない感じであるし、更に腸詰俳句も、一概に批難できない氣がするのです。

と語つてゐます。

この嘆きや怒りは身内「ホトトギス」俳句に對する怒りでしたけれど、これ以後も爽波さんはいろいろな場面で怒つたり嘆いたりしてをられます。

一つは四誌連合會の解散です。四誌連合會といふのは、ホトトギス系の比較的若い主宰者たちの雑誌、福田蓼汀「山火」、橋本鶏二「年輪」、野見山朱鳥「菜殻火」に「青」を加へた四誌が連合して新人を顕彰し、年に一度集まらうといふ會で、當時のホトトギス俳句を憂へる氣持に共通のものがあつたのですね。當初は爽波さんの發案に賛同した鶏二、朱鳥の三人で想が練られたのですが、これでは名古屋―大阪―福岡となるので、東京を加へて太平洋ベルト地帯を通さう、と蓼汀さんにも聲をかけたらしいです。ただ、虚子存命中にこんなことをしたものですから、シンパからは「ホトトギス」に弓を引いた跳ね返り者だとみられたらしいです。「青」の誌友も多くが離れていつたと聞いています。でもそこから、

宇佐美魚目、馬場駿吉、長岡一彫子、神尾季羊、本郷昭雄、友岡子郷、神尾久美子（第六回は二人受賞）

といふ七人を顕彰するのです。ただ、それぞれの雑誌の持つ性格は違ふ譯ですから、選考方法や選考結果への不満などが燻り續けたやうで、そんなに順調ではなかつたところへ、現代俳句協會と俳人協會の分裂といふことが起こり、爽波さんだけが現代俳句協會に留まるんです。それで、第七回の選考をしないままに、「四誌連合會解散の言葉」が昭和四十年九月號の「青」に載ります。爽波さんは友岡子郷さんのインタビューに應へて、縷々七ページに渡つて、設立から解散までを語つてゐます。恨みつらみではありません。ただ殘念だと、そして時には信念も語られたりしてゐます。

新しい俳句を目指すのだから、信頼できる前衛俳人を選考委員に加へるといふ案を持つてゐたんだ、とかとも話してゐます。このときは怒つたのでも嘆いたのでもなく、淋しかつたんだらうなと思ひます。

次の十月號に、

サルビアの散つて同床異夢なりし

という句を載せてゐますね。昭和四十年といひますと、爽波さん四十二歳です。

これまでお話した二つの嘆きは、青年期から壯年期に掛けての、自らの足許を固めてゆく課程での嘆きですね。その後も爽波さん、いろいろな問題にぶちあたるのですけれど、昭和四十九年に徳島から大阪に戻り、俳句のペースを取り戻されてからは、順調でした。健康面と「青」の編集者不足、これには僕も大いに原因してゐて大きな聲では言へませんが、それ以外、俳句に關しては順調だつたのですけれど、最晩年に二つの大きな嘆きや怒りが爽波さんを襲ふ事となります。

平成元年、「俳句」の「連載鼎談」に一年間出續けます。沢木欣一さんと岡田日郎さんが相手でした。この中で相當自說を展開してゐて、物議を釀します。ただ、今讀み返しますと、沢木さんとは多く意見が一致してゐるのです。沢木さんと爽波さんの發言の合間に出てきてぽつぽつ喋る岡田さんの發言に苦蟲を嚙み潰してゐるのを感じます。僕今回これを通讀してみまして、沢木さんと爽波さんの對談の形に燒き直せば、現代の俳句への警鐘となる發言が随所に見えてくると感じてゐます。ただ、この鼎談では相當眞劍に全總合誌に目を通され（當時の「俳句」の「合評鼎談」は、昨今と違ひ全總合誌の作品が對象でした）、毎月の上京といふこともあつて、體力を損なはれました。いい句がないといふ嘆きが精神的にも爽波さんをやつれさせてしまひました。

今日は、始め、この鼎談を讀み解くやうな內容にするのも面白いと思つたのですが、それやり始めたら、時間が足らないだけではなく、惡い句として擧げなくてはならない作者の顔がちらついてね、そこまでは突つ込めませんでした。

平成二年、第三十七回現代俳句協會賞の選考會。爽波さんは副委員長だつたのですけれど、選考結果に異を唱へて、選後評を執筆することもなく、現代俳句協會を去ります。ただ、選考には最後まで責任をもつて、五、六回あつた投票にも最後まで參加してゐるんです。終はつたあとに、ふつふつと悔しさが湧いてきたのかなと思ひます。

爽波さんといふ方は、實に一本氣で純粋な方でした。ですから齒に衣着せずの物言ひをなさりました。虚子の直參としての矜持がそれを支へたことは間違ひありません。育ちがよかつたといふこともありませうが、僕はそこの部分はあまり重く思つてをりません。爽波さんはむしろ庶民的でリベラルな考へを持つてをられました。權力や、また特に權力に追従する者を嫌ひました。これはお父さんから受け繼いだＤＮＡでした。さういふ思ひが前衛俳人との交流にも繋がりますね。

爽波さんの物言ひは、突然掛かつてくる長電話といふエピソードもあり、しばしば世間を騒がせたのかも知れませんけれど、本質を突いてゐる部分も多々あつたからこそ、世間はかちんと來たのではないでせうか。無視できない發言だつたのだらうと思ひます。

俳句界が微溫的になるに従つて、當たらず觸らずの發言で濟ませるやうになつてきてゐるのかも知れませんし、それが大人の振る舞ひだといふ風潮もあるのかも知れませんけれど、俳句界の風通しといふことを思ひますと、爽波さんほどの確信犯的な嚴しい發言といふものが、今こそ求められてゐるのかなと思ひます。

ご清聴有難うございました。

のやうなもの 〈間〉の美學 田中裕明讃

例へば、

柳散るやうに旅信の来るべく

といふ作品が、『櫻姫譚』（ふらんす堂、千九百九十二年）にある。

裕明の作品といふのは、決して自己完結しない。これは、褒め言葉でも貶し言葉でもなく、裕明の使ふ言葉の大きな特徴のやうだ。人知れぬ時空を背後に豊富に隠し持つてゐるやうな、えも言はれぬ雰圍氣を漂はせて、讀者の心を包みこむ。

この作品にしても、「やうに」といふ直喩が單に直喩に止まらず、旅人と手紙を受け取つた（いや、「受け取るであらう」かもしれないが）相手との阿吽のやうな信頼關係をも傳へてくれてゐて、なんだか背中がむずむずするよろしさを覺える。

そもそも、「柳散る」さまとは、どんなだつたらうか。音もなく、知らず知らずの內に散りすすんでゐるやうな、そして、あの細長い形狀からして、舞ひ散るといふのではなく、すうつと、空氣を切るやうに散るのだらうか。

そんな感じで旅の手紙が、約束事のやうに懷に屆くといふのだ。この二人の關係や、いかに。それは、讀者のおかれてゐる立場によつて、どうとでも鑑賞自由の俳句の利點であらう。さしづめ僕などには、一年に一度か二度しか、それも電話でしか話さないけれども、十年も二十年も續いてゐる男同士の親友と讀める。戀人同士と讀んでもいいし、初老の夫婦と取つても決して間違ひではない。それは、俳句の曖昧さなどではなくつて、裕明の俳句の場合、大いに長所としてある。そこまでは、いい。しかし、問題はもつと先にある。「來るべく」をどう讀むか。「來《きた》る」は單なる「くる」ではない。もちろん「くる」の古語として使用されてゐる場合が多いけれども、この作品の場合に限つては、「くる」よりもつと切實に「來、到る」のつづまつた言葉なのだといふことを、思ひ出させてくれるやうだ。旅人の、そして旅信そのものの意志として到り來るのだと、思ひ入れ充分にこの句を讀むとき、この二人の友情（愛情でも構わない）の篤さにほれぼれする。

ここまでも、いい。しかしまだ「べく」が解決してゐない。「べく」が助動詞「べし」の連用形であることぐらゐは、すぐに知れるが、ならば、なぜ「べし」（終止形）ではないのだらうか。連用形で止める以上、下になにかが省略されてゐるのだ。それを知るためには、やはり「べく」の意味を推し量る必要があるけれども、この「べし」といふ助動詞はいろいろな時につかはれる、厄介な代物だ。近くの辭書の力を借りると、①當然、②推量、③可能、④命令、⑤意志・決意と、五つのレベルが記されてゐる。それぞれ「當然來るはずだ」「きつと來るだらう」「來る可能性がある」「來なくてはならない」「來るつもりだ」とでも譯せばいいのだらうが、となると、この旅信、どの意味を取らうとも、まだ相手の手許に届いてゐないことになる。二人の阿吽の呼吸に、ちよつとした亂れが生じてゐるのだらうか。「待ち人來らず」なわけである。そんな心の搖れが、終止形ではなく、連用形を選擇させたのであらう。「來るべく・あるに未だ來らず」とこそ、ここの省略は補はれるべきかもしれない。

漸く一句の鑑賞を交へながらの解釋が完了した。しかしちつとも深讀みではないだらう。裕明は言葉に拘る作家である。ならばその讀者たるもの、裕明以上に言葉に拘りたい。もちろん、一々の解釋などといふものは、一次的には鑑賞の邪魔にならう。「やなぎちるやうにりよしんのきたるべく」と呪文のやうに繰り返し唱へて、裕明の言葉の奥深い世界に浸るのもいい。また、裕明作品には、そうした讀者が浸ることのできる、ほんわかとした餘裕が常廣がつてゐる。ところがまた、裕明の世界はお相撲さんのおなかみたいな彈力を持つてゐて、その世界に浸らうとすると、ややもすると、こちらの力を全て吸ひ上げて後に、彈き返されるやうでもある。そして、二次、三次と波狀攻撃を仕掛けてくる。だからこそ、讀者としてもしつかと解釋といふ鎧を裝着する必要がある。鑑賞はそれからでも決して遲くない。

で、ここまで解釋したのだから、もう一度鑑賞し直すことにしよう。

やなぎちるやうにりよしんのきたるべく

さうか、これは悲戀物語なのだ。先ほど、男同士の友情などと身勝手に直感してみたけれど、男同士の友情で「旅に出たあいつから、手紙がそろそろ着いてもいいはずなのに、なかなか來ないなあ」などと、「べく」とまで意志をはつきりと出して待ち焦がれるやうなことはさうないであらうし、そもそも晩秋という季節の必然がさらさら感じられない。

男女の、それも一度は結婚を決意し、すでに契りを結んだ許婚同士の悲戀物語だとぐらゐに飛躍させたはうが、この作品は樂しく讀めるし、悲しく讀める。晩秋といふのも、付きすぎぐらゐにぴつたりだ。

手紙を待ち焦がれてゐるはうが女性であらうか。

ひよつとすると、この二人、今なほ愛しあつてゐるのではなからうか。

身分の違ひ、學歷の差、年齢差、親兄弟の猛反對に遭ひ、男は家の將來を考へて、泣く泣く女に別離を申し渡したのであらう。最後の逢瀬を濟ませた後、男はその足で心の傷を引きずりながら旅に出たのかもしれない。

女は後ろ髪引かれる思ひで自宅に戻り、部屋に籠つたまま、男からの手紙を待つてゐる。それは翻意の手紙かもしれないし、もつと激しく「今すぐに來い」といふ呼び出し、驅け落ち決意の手紙かもしれない。いやいや、そこまでは望まない。しかし、「今どこそこにゐる。紅葉が綺麗だ」だけでもいい。消息が知りたい。

友達以上戀愛未滿の時代に、こんな戀、あるわけもない。すると、この「旅信の來るべく」といふ時代がかつた言ひ回しからしても、一氣に舞臺を移し、平安王朝貴族と町娘の適はぬ戀を想像するのも惡くない。

ここで思ひ出した作品がある。

『櫻姫譚』には、貴族と僧侶の戀物語を詠んだ（と僕が勝手に思つてゐる）作品が二句祕められてゐる。

　たはぶれに美僧をつれて雪解野は

　御僧のさらばと別る野焼かな

七ページ目と百三十七ページ目にあるこの二句、どうしても妖しく淫靡な世界を釀し出してゐて、僕にはすごく興味がある。

《たはぶれに美僧をつれて雪解野は》とはいつたいなんだらう。早春である。長い冬も終はりを告げ、心は徐々に解き放たれはじめるそんな折り、ちよつとおどけ心を出して、僧を連れて野を歩きたくなつたと言ふのだ。不思議の話である。この「は」は、詠嘆の終助詞と取りたい。「雪解野は、たはぶれに美僧をつれて……」といふ倒置法だとみることもできるけれど、折角最後に置かれてゐるのだから、まして、心が解き放たれようとする春なのだから、ややこしい倒置法などとは思はずに、詠嘆の「は」だと思ひ決めよう。そのはうが、律文藝たる俳句にふさふ。「雪解野であることよ」だ。

そして裕明がこの雪解野に配するものは、僧、それも「美僧」である。まだ年端も行かぬ僧である。美しい僧である。穢れを知らぬ僧である。見事な青つむりに、漆黒の僧衣が眩しい僧である。そんな若い僧に寄り添つて歩くには、裕明のような(すこし丸みを帯びた)体型ではいけない。ここは、主人公として光源氏ばりの平安繪巻の公卿に登場してもらひたい。それでこそ繪になる。雪解水がきらきらと輝き、風は刺すやうな冷たさながら、春は確實にこの二人に近づいてゐる。「たはぶれに」たしかにたはぶれかもしれないが、たはぶれだからこそ、戀に陥る隙もあらうといふものだ。さうして、この二人、きつと禁斷の戀に落ちるであらうほどに、春の野の歩みは早い。

この句の近くには、

春風にからだほどけてゆく紐か

がある。それ見たことか、二、三ページを繰つた程度で、すでに許されざる關係を結んでゐる。そして、この二人にとつては、禁忌も五戒も人間の心を縛りつける無用の紐にすぎないのかもしれない。慾情の季、春の風ならばこそ、そんな紐は簡單にほどけてしまふ。しかしやはり、一分のためらひがないでもない。疑問の助詞「か」は、そんな公卿の心の內を見透かしてゐるやうでもある。いや、もつと激しくこの二人に戀をさせたいのであれば、詠嘆の終助詞「か」と取つても惡くない。作者裕明なら、そのぐらいの解釋の幅を持たせる程度のことは、充分に許容範圍である。この詠嘆の終助詞「か」こそが、後の「かな」の語源なのだから、さう取る事で、より眞實味が増すやうでもある。

『櫻姫譚』にはかうした物語を內包する作品が山積みにされてゐる。そして百三十七ページまでくると、さきほど示した《御僧のさらばと別る野焼かな》が出てくる仕掛けになつてゐる。何年か經つて、美僧ははやくも貫祿が出てきてゐる。すでに「美僧」などと輕んじた呼び方は出來ない。「御僧」とまで出世してゐるのだ。そして、青春の一ページだつた公卿との戀に終はりを告ぐるべく、雄々しく「さらば」と一言する。年は巡り、また、出會つた時と同じ早春である。しかしすでに雪はなく、枯れ草に火が放たれてゐる。この火は、古い物を焼き盡くし、洋々たる未來を約束する火だ。さう、甘い過去との決別の炎なのだ。

《柳散るやうに旅信の来るべく》に戻らう。手紙を待つてゐるのは公卿であり、旅に出たのは御僧なのかもしれない。男同士の戀もあつてよい。

俳句で物語ることは、多くの場合嫌はれもしよう。特に裕明が立つてゐる有季定型の場では、未だに虛子が唱へた九百九十九人の衆生を救ふための南無阿彌陀佛たる「寫生」に囚はれて、最後の一人である眞の俳人になる道が閉ざされたままの狀態が續いてゐる。「寫生」に囚はれてゐるかぎり、目の前の事實の斷定にばかり意識が走つて、俳の現前する姿に接近遭遇することなど、不可能に近い。

しかし、裕明の言葉は、言葉が言葉以上の廣がりを釀し出す裝置としてあるやうで、それを言靈とよんでもいいが、どうにも混沌とした世界〈のようなもの〉を持つてゐる。その祕密を說き明かすまでには、今日のところはいかないやうで、それは多分、僕がこの『櫻姫譚』以來、裕明俳句のミーハーな一ファンになつてしまつたせいもあつて、永遠に僕には說き明かせないのかもしれない。

裕明がどこかで讀書について書いてゐたけれども、裕明の句集といふのは、『山信』『花間一壺』から『櫻姫譚』に來て、終に一册の讀み物〈のようなもの〉になつたのではないだらうか。しかし、間違はないでほしいのは、裕明は俳句を律文藝としつかり心得てゐて、物語〈のようなもの〉を作品の〈間《あはひ》〉に植ゑ付けてはゐるものの、決して散文を書かうとしてゐるのではないといふことだ。

人間への興味が、ベイシックな俳句の型を波多野爽波の元で身に付けるうちに、自然への興味へと廣がり、それが、人間・自然の混然一體となつた全體への興味に進むなかで、その全體が、人と人の間、人と自然の間、自然と自然の間にこそ廣がつてゐて、それら全てを包みこむものとしてあることに思ひ至つた時、その〈間〉に潜むさまざまな物語が、裕明の體内に實を結び始めたのだとも言へよう。

〈のようなもの〉だとか〈間〉だとか、曖昧模糊とした雰圍氣話、印象批評めいた一文になつてしまつたが、それこそが裕明の俳句世界を讀み解く鍵であるならば、これはこれで、一つの裕明論ではある。

裕明の俳句とは、俳人でない讀者を獲得する可能性の高い、當代稀有の作家であり、作品であらう。

裕明は一行の俳句を「アンソロジーピース」だと觀念してゐるやうだが、なればこそ、アンソロジーとして編まれた句集の、そのピースとピースの〈間〉にひろがる〈のやうなもの〉を讀み解く樂しみを、これからも我々讀者に提供し續けてくれるのであらう。

龜が哭いた

間違つてゐる。さう思はせる死がある。四十五歳で逝つた田中裕明君のことを思ふと、散歩の道々も遺失物を探すやうに空を見上げてしまふ。裕明を奪つたのは、白血病だつた。白血病といふ病氣は、細菌だとかウィルスだとかといふ外敵に負けたといふのではなく、自らの體を作つてゐる細胞の異常増殖である。ある夜、醫師でもある仲寒蟬さんから電話でどういふ病なのかのレクチャーを受けた。遅きに失したけれど、骨髄バンクに登録した。氣休めである。

裕明に出會つたのは十七歳の時だから、すでに四半世紀を過ぎ、僕の人生の半分を超えてゐることとなる。

初期から裕明の俳句は人に驚きをもつて迎へられた。第一句集は『山信』といふ。山の便り、山からの手紙。自ら墨書した百句をコピーし、京都大學生協で簡易製本された十部限定の私家版である。二十歳自祝すなはち千九百七十九年の十一月刊、「青」三百號記念大會の二次會會場で、爽波さんの紙袋に手づから忍び込ませた。この日、京大卒の仲間たちが爽波さんと肩を組んで寮歌を合唱するといふハプニングがあつた。もちろん、現役の裕明もその列にゐた。

翌朝紙袋を開けた爽波さんは、この『山信』にびつくりして讀み耽つた。そして「青」に全句を再掲するといふ異例の措置をとり、「この人この句集」といふ一文を草した（「青」昭和五十五年二月號）。裕明の生年が爽波さんの師である高濱虚子の沒年であることに觸れつつ、自らの早熟を語つたのち、「裕明君のこの『山信』と較べれば〝勝負あった〟の一言に盡きるようである」と、手放しの贊辭が綴られた。この文で爽波さんが「好きな句」として取り上げた五句を示しておかうか。入會一年半の新人に對して、「良い句」ではなく「好きな句」と記したことにこそ、爽波さんの驚きは如實に現れてゐよう。

嬉しくもなき甘茶佛見てゐたり
大學も葵祭のきのふけふ
やはらかき宿のご飯や草干す夜
盆の雨やむときしづか風呂熱き
寺の子の赤いかほして絲瓜水

ところで、「東雲《しののめ》」といふ同人誌があつた。裕明の高校三年の秋、高校生大學生の俳句仲間たち十五人に、名譽會長・波多野爽波、名譽會員・茨木和生兩氏をお迎へしての創刊だつた。裕明は千九百七十七年九月五日發行の創刊號に、八句發表してゐる。そこには、「靑」にも掲載されてゐない、彼のごく初期の作品が混じつてゐる。

散りてなほ花びら靑し藤の庭
橋わたる浮き島まるく草茂る
打ち留めで帰り仕度の夜店の子
春の宵川の音聞く天井見て
溝流る草笛子ども素足にて

裕明の「青」初入選は、同じ年千九百七十七年の七月號。

紫雲英草まるく敷きつめ子が二人

葉桜となりて細木や校舎裏

今年竹指につめたし雲流る

だつた。これらを讀んだだけでも、裕明俳句の大らかでたつぷりした句風は明らかだし、僕が素直に驚くのは、ここまでの最初期八句の中に子供を詠んだ句が三句も含まれてゐることだ。

「田中裕明は生涯◯◯を詠みつづけた」といふ時、この◯◯に人は何を補ふのだらう。「人」「ことば」「うから」といつた抽象的・本質的なものから「龜」「僧」「本」「子規」といつた具體、さらには「茶の花」「小鳥」「雪」といつた季語まで、そこに盛るべき言葉はいくらでも思ひつくけれど、「子供」もまた裕明俳句の鍵のひとつである。彼が自らもまだ高校生であるといふ「子供」時代から「子供」を詠んでゐたといふことは、彼の俳句の視線の低さを考へる時に大切なことであらう。爽波さんが「好き」だと書いた句にも「寺の子」が含まれてゐる。そして加齢ののち、「子供」は「わが子」へとより具體度を増してゆく。

「東雲」五號（千九百七十八年十一月）には裕明の特別作品「芋の葉」が載る。この年の八月五日六日、僕たちは吉野の國栖《くず》で稽古會を持つた。同じく「青」の鍛錬會もこの月にあり、相當數を作りこんだ中からの三十句だつた。

泳ぎ女のすぐにあがりし芋の秋

滝落ちてずつと離れて濡れる石

『山信』の百句に、ここから十句まで收められてゐるのに加へ、この夏には《この橋は父が作りし蟬しぐれ》など、この特別作品には收められてゐない熊野での作もあることを思ふと、大きな意味のある夏だつたのだ。

裕明俳句が「季語との出會ひ」から出發してゐることを、僕たちは考へた方がいい。彼の俳句の根に、季語を深く耕さんとする心のあることを、僕たちは決して忘れてはならない。なぜこんな敎訓めいたことを書くかといふと、爽波さんが「好き」といつた五句を思ひ返すからである。「甘茶佛」や「葵祭」は彼の初期代表句のやうに言はれてゐる。そのことに異存はないけれど、「草干す夜」や「盆の雨」の句にも、裕明俳句の大切な要素が含まれてゐるのだ。「やはらかき宿のご飯や」がなぜ「草干す夜」の溽《むしあつ》い空氣に馴染むのか、「やむときしづか風呂熱き」の反語的な言ひ回しと「盆の雨」がなぜ切つても切れない關係を結ぶのか、敎へられても學べない俳句的氣息といふものを、裕明は爽波さんの息遣ひと裕明自身の息遣ひのなかに旣に見出だしてゐたのである。そしてこのことは、季語の一つひとつに深く分け入ることによつてのみ可能だつたし、この「俳句的氣息」としか呼びやうのない息遣ひを、裕明は終生大切にしてゐた。どんな例を持ち出してもいいけれど、彼の俳句には、季語を充分に咀嚼してゐる者にしか近寄れない奥行きがあるのだ。爽波俳句を分からない、難しいといつて遠ざけた俳壇と、裕明俳句を老成してゐるといつて遠ざけようとしてゐた俳壇の趨勢は、同じ根にあると僕は思つてゐる。

この事をもつと本質的に語つた言葉として、四ッ谷龍君が「里」二千三年六月號に書いてくれた裕明への讃詞を思ひ出す。「古雅とも見える句姿の向こう側にひたひたと潮が寄せている」『空虚の中に宿るかたち』。裕明俳句を思ふとき、龍君と僕の語らんとする部分の共通性に觸れてくださる方もまたあらう。

裕明は龜が好きだつた。僕は彼を蟇だと思つてゐたのだけれど、彼は自身を龜だと自得してゐたやうだ。

亀鳴くや男は無口なるべしと

がまづ『山信』にある。その後、

蔵六の清水をむすぶうしろがみ
その言やよし梅雨寒の蔵六に
東京に亀鳴くといふ日向かな
亀鳴くや花は剪られて捨てられて
夜は鵜に昼の眠りは海亀に
海亀の耳のあたりにものをいふ
鎌倉に鳴くてふ亀を放ちけり
海亀を捕へて放つ祭あり
海亀の涙もろきは我かと思ふ
あそびをり人類以後も鳴く亀と

と、『花間一壺』『櫻姫譚』『先生から手紙』『夜の客人』と續く裕明の句集には、すべて龜が登場する。そしてつくづく自畫像なんだと思ふ。《その言やよし梅雨寒の裕明に》《裕明の耳のあたりにものをいふ》《裕明を捕へて放つ祭あり》と讀んでみるのもいい。もちろんこの讀み替へは、裕明といふ人と作品を知つてゐる者にしか享受できない遊びなのかもしれないけれど、ならば、裕明を未だ知らぬ人には、裕明とはかういふ男だつたのですと、提示する讀み替へにはなつてゐるであらう。

もう君とのお別れが近づいた。ひとつだけ具體例を示しておかう。『先生から手紙』の題ともなつた、

水遊びする子に先生から手紙

は、もともと《水遊びする子に先生より手紙》だつた。「より」ではよそよそしい。「から」のはうが斷然親しみが增す。それに氣付いた裕明とは、子爵家の出でありながら庶民たらんとした爽波さんの弟子まるだしだなあと、今思ふ。

遺された五つの句集を、あの十二月三十日以降何度も讀み返した。そして、君の俳句は老成なんかしてゐないといふことを改めて確認した。若々しく、熱いのだ。日本語と定型の申し子であつた君の俳句は、たしかに練達の域だつたのだらうけれど、その內容において、現代俳句唯一の瑞々しさを終に終生持ちつづけた。爽波さんはよく、アルティザンとアーティストの話をしてくれた。もちろん草田男仕込といふことだけれど、君は、二十歲以前からアルティザンでなくてはアーティストになれないことを知つてしまつたのだらう。祝福に滿ちた出發であつた譯だ。

最近の俳句は譯知り顏でいけない。理屈つぽくて小賢しい。君はさういふこととは無緣だつた。さういふ俳句から遠くゐたいから、君はどんどん人嫌ひになつていつた。そしてたうとう、俳壇の田中裕明ではない、俳人の田中裕明を貫いて逝つた。裕明は四十五歲で亡くなつたけれど、決して夭折ではなかつたのだと思ふ。もちろん君が向後三十年生きたとして、生まれたかもしれない作品を思ふと殘念ではあるけれど、田中裕明は田中裕明として、一つのことをやり遂げて逝つたのだと思ふ。

ショットバーの止まり木で「爽波先生には、お酒の飲み方を敎へていただきましたねえ」とカクテル

グラス片手に呟く君を思ひ出しつつ、爽波俳句に和し續けた君の一句を最後に抜かう。

茶の花のするすると雨流しをり　爽波（『湯呑』）

茶の花のうへの雨粒よく見ゆる　裕明（『夜の客人』）

角川俳句賞授賞式での受賞者の言葉を覺えてゐる。「田中裕明です。ありがとうございました」ただそれだけだつた。前代未聞の短さだつた。本當にびつくりした。君らしいなあと思つた。黄泉への道すがら、振り返つて同じ言葉を僕たちに掛けてゐる君の姿が目に浮かぶ。

こちらこそ、ありがたう、裕明。安らかにお眠りください。

挨拶ごころのことなど　田中裕明出座歌仙紹介

散る花火之巻

オ

花火散る闇はやさしき雨の中　青蛙
　月に跨がる三人にてあれ　牙城
照らされて邑ゆく人も初しぐれ　裕明
　こころ古びし宿の墨濃く　かはづ（青蛙）
晝月は茶椀の缺けし如くあり　尋（牙城）
　幹事長より大命を受く　裕

ウ

雪解のいのちしづかに陸の果　蛙
　セント・バレンタイン・デー來る　城
綿菓子のやうに彼岸の酒を酌む　裕
　砧の音に近き月哉　青
天敵の鼠を遁はずむら紅葉　小屋主（牙城）
　茸狩よりも言葉狩する　裕
草摘みし深山の響きおぼつかな　善（青蛙）

空海は土思ひしや否や　郎（牙城）
放たれし鳥や魚や山の虹　裕
潮のごとき春の道ゆく　青あ
裕明も青蛙も花に目がなくて　邑隠居（牙城）
濡れて届くはたんぽぽの文　裕
春愁やひとたび失せし水の影　可はづ（青蛙）

二オ

木目にさがす母が家ならむ　裕
歸郷はや異郷の雲の峯に浮き　尋
人はさびしき草の芽にあり　善
ひとたびの手紙とどかぬ磯遊　裕
少しの酒が睡魔をさそふ　牙
山ひだは朝の煙と春の鳶　蛙
天魚のひらき鹽やはらかし　裕
乙女子の西する脹脛まろく　牙
鋭き峰をいまのぼりつつあり　善
はるけくも大和國原冬の月　裕
子を負うて探梅に加はる　尋

二ウ

陽炎の忙中に閑見つけては　善紀（青蛙）

朝寝やめたる潮は眞つ青　裕明
馬驅くる野を燒かんとしためらひをり　牙城
空はるかより曉の聲　青蛙
芳野山花の主をたづねんと　裕
胸中山河彌生に深む　牙城

この歌仙には「百句會平成巳己歳彌生十八日首尾　於・大和國曾爾村」とある。昭和が平成に改まつて、まださう日もたつてゐない千九百八十九年三月十八日、上田青蛙・島田牙城・田中裕明（年齢順）の三人は久々に大和に集つた。

　十年前、同人誌「東雲」内に三人で作つてゐた俳句鍛練の會であり、その後何號かガリ刷り誌を出しもした百句會「流霞一杯」の旅である。裕明は二十九歳であつた。

「東雲」を解散し、僕が「靑」を去り、青蛙がいつしか「靑」に投句しなくなつて、それぞれが社會の波に乗り始めるや、三人で集ふことは急激に減つてゐたが、この時は青蛙の膽煎で、大和の曾爾《そに》村から吉野新子《あたらし》の青蛙の實家へ回るといふ道程が組まれ、三年半ぶりの再會を果したのだつた。つどふといつも歌仙を巻いてゐた我々は、一泊目の曾爾の民宿で自然の成り行きとして筆を執り始めた。

　三人とも連句の專門知識など持ち合はせてはゐない。巻がどのやうに構成、展開されるかといふことよりも、目の前の句にどう和して付けるかをひたすら樂しむ餘興、いや夜業として、僕たちには歌仙があつた。

膝送りとは名ばかりに、自分の番が來れば眞劍に筆と紙と辭書と歳時記を睨み付けるけれど、さうでない時は殘つた二人で盃を重ねる。練達の徒から見れば式目破りの連續ではあらう。文臺引下ろせば卽ち反古なる氣の置けない仲間の連句なのだから、再會の喜びが一巻を貫いてをればそれで良かつたのだ。

發句には、その日の句行の話題句を選ぶことが多かつたと思ふが、この日は仲春にもかかはらず青蛙の秋の句が選ばれてゐる。前年の「雲母」十一月號で第二席を得た作品であつたらしく、本人が晩餐の間ぢゆう散々自慢するものだから、裕明が呆れて推し薦めたものである。

第三を裕明が詠んでゐる。第三は轉じねばならぬ。式目によると秋から秋の月とくれば、秋の中で轉じねばならぬのだらうけれど、裕明はお構ひ無しに冬の句を出してゐる。しかも平句へと流す意識はなく、名詞留ではないか。

いつも一應、誰かが連句入門書を鞄に忍ばせてゐたので、「ここは秋のまま轉じさせなあかんみたいやで」程度のことばは飛んだはずだが、それ以上は突つ込むこともなかつたのだ。

ただし、一巻を讀み返してみると、少しは式目を氣にしてゐた痕跡がある。裕明の句でいふと名殘の表十一に《はるけくも大和國原冬の月》と、冬ではあるものの月の句を置いたり、名殘の裏五に《芳野山花の主をたづねんと》と花の句を置いてゐるあたりに、それは祕かに現れてゐる。

この「花の主」は、前登志夫さんを指してゐる。

僕たち三人は何度旅を共にしたのだらうか。木曾や丹波や笠置山や、「青」鍛錬會の下見だといつて湖北須賀谷へも赴いた。裕明はそこで、見事に宿のライトバンを田んぼに落とした。そして、青蛙の實家を宿とする度に、前登志夫さんの家を襲つた。

學生時代のことだが、正月、前さんの書齋で飲ませて頂いてゐて、縁側でドタンバタンと音がし始めたので障子をあけて覗くと、日本酒を飲みすぎた裕明が一人で暴れてゐた。僕と青蛙はのちのちこのことを「裕明の一人プロレス」と呼んで樂しんだ。さういへば前さんの書齋には、電熱による御燗器が常備されてゐて、前さんは、まだ學齢にも達してゐなかつた令嬢を膝に乘せながら、その現代の利器を僕たちに誇らしげに見せてくれた。これで暖めた酒が、一夜裕明を狂はせたのだつたらうか。いいや、酒の勢ひで狂つたのではない。吉野の闇が酒の力を借りて裕明に言ひ知れぬ狂氣を與へたまうたのだ。歸路、青蛙の運轉する車が新子に近づいたころ、裕明が車から下りて嘔吐したことも、いまや美しい思ひ出である。

歌仙の話に戻ると、當時の僕の書留めに「發句を見よ。青蛙の格調の高い氣持ちの悪くなるやうな中七の措辭を。脇を見よ。牙城の思はせぶつた大仰な物言ひを。第三を見よ。裕明の『有り難う』としか言ひやうのない挨拶を。」と記してある。

ここで裕明の第三を「挨拶」としてゐるのには説明が要るだらう。邑書林が法人登記するにあたり、僕が正式に取締役編集長として參畫することとなり、五つも六つもの出版社を渡り歩いた二十歳代の放蕩生活に別れを告げる日が、この旅からの歸京直後に迫つてゐたのだ。だからこの句にある「邑《むら》」は、曾爾といふ青蛙の連れていつてくれた鄙を指してゐると同時に、僕の終生の職場となるであらう邑書林といふ本屋をも指してゐたのである。そして「邑ゆく人」が脇の「三人《みたり》」に呼應すると同時に僕一個をも指し、「照らされて」降る「初しぐれ」は三人の再會と同時に僕の再出發をも祝福してくれてゐる時雨なのだつた。

また、この歌仙、「彌生十八日首尾」とはなつてゐるが、途中で夜が明け、翌十九日の朝に滿尾を迎へたやうだ。僕が早々に眠つたのである。實はこの旅で、僕は十二指腸潰瘍を患つてゐた。初日からなんとなく胃がおかしくて全身に力が入らなくなり、二日目は青蛙の實家で蒲團に包まり、遂には醫者に擔ぎ込まれて點滴を受けた。

だから、裕明の《天魚のひらき鹽やはらかし》は朝食の獻立であり、僕は食べてゐない。

勿論「花の主」訪問も、青蛙と裕明二人だけで行くこととなり、僕は寢てゐたのである。前さんからどんな話を得てきたのか、きつと僕はその日のうちに聞いてゐるのだらうが、三日目の朝の茶粥の味を思ひ出すばかりである。

その後三人で會つたのは、京都での一夜のみ。平成甲申歳小晦日、三人での道行もまた、滿尾を迎へることとなる。

ところで、紹介してきた歌仙以外に、「流霞一杯」といふ百句會會報零號を名乘るガリ刷りに半歌仙が殘つてゐる。それを最後に紹介しておかう。

「百句會　乙丑歳葉月三日　首尾丹波國篠山にて」の添書のある一卷。乙丑歳は、昭和六十年である。裕明が婚約前のまりさんの實家へ旅立つ前夜の歌仙であつた。裕明二十六歳。この年刊行された第二句集『花間一壷』から發句を採つてゐる。

付け合ひは二物衝撃に似てゐなくもない。裕明の季語の使ひ方を思ひながら、どういふ付け合ひを裕明が好んだかを讀むことも一興であらう。

夏雲雀之卷

この旅も半ばは雨の夏雲雀　裕明
晴々として袷脱ぐ夜に　青蛙
漫々と黄葉の山を歩ききて　牙城
秋の簾のかげに寝起きす　裕
とぶらひのごとひそやかな月白に　善（青蛙）
舞臺演出よりは日本畫　尋（牙城）
廊下から聲かけてゐる鍋と釜　裕
厨の中は春の月影　かはづ
山頂の宿遠からず蝌蚪の群　牙
山椒の花もちりぢり薄く　蛙
風吹いて海圖ひろがる花の下　明
南無阿弥網を箱庭に貼る　郎（牙城）
忘れたきことのひとつを陽炎と　蛙
浮世のはての茶の花ざかり　裕
順繰に蝶の炎となりて墮つ　城
にぶきひかりに流れつづけて　青蛙
雪のいろうすくれなゐに酔ひつつも　裕明
夢の花間を鷹とし渡る　牙城

裕明の笑窪

裕明は寡黙であつたけれど、多辯な笑窪を持つてゐた。

裕明の死後、毎日のやうに彼の顔と作品を思ひ出してきたけれど、たぶん、僕にとつてこの一つだけが眞實である。

亀鳴くや男は無口なるべしと

は、『山信』に載る裕明十九歳の作品で、好きな句ではあつたものの、この口吻は、裕明にはどこか似合はぬところがあると思つてきた。「無口」といふ言葉を吐きながら、言葉數の多い句だからだらう。

でも、裕明が亡くなつてから、彼は自畫像を描き續けてゐたんだなといふ思ひが強くなるにつけ、今は改めてこの句が好きである。

ところで、裕明が、師匠である波多野爽波の俳句觀を全面的に受け入れてゐたかといふと、さうではなかつたと斷言できる。と同時に、裕明は、爽波さんの選を強く信頼し、學ぶ糧としてゐた。このこともまた、確かである。

ここに岡本太郎のオブジェ三尺寝

なんていふおかしな俳句が『櫻姫譚』にあつて、僕はこの頃にはもう裕明とは遠い場所にゐたので、句會に出された句だつたのかどうかすら知らぬのだけれど、この句は、裕明の笑窪が放つた惡戯心と爽波さんの選の合作であらう、といふ結論めいた想像をしてしまふ。「三尺寝」といふ季語でいいのだらうか、いいと思ふんですが、先生どう思ひますか、といふ茶目つ氣たつぷりの裕明の笑窪が見て取れる句なのだ。そして爽波さんもまた「ここまで季語を飛ばせるのは裕明君しかゐないだらうが、なるほど面白い」と卽座に選に加へたのではなかつたか。僕たちには、作品を通しての爽波さんと裕明君のかういつた對話を讀み解く樂しみが殘されてゐる。

空港で鞄にすわるチューリップ

といふ句が『先生から手紙』にある。この季語の使ひ方も、最晩年の爽波さんと裕明とのこころの對話から生まれたものだ。季語の使ひ方といふより、切れの使ひ方といつた方がよいか。この句から《掛稲のすぐそこにある湯吞かな》といふ爽波さんの代表的な作品を思ひ出す。この句、湯吞はどこにあるのかといふ、爽波さんにしてみれば、なぜさういふ解釋になるのか解らぬといふことが議論の對象となつた。裕明の句もまた、鞄に坐つてゐるのはいつたい何だらうといふことが議論になりさうな作りなのだ。爽波さんは「讀みの鍛錬が足りぬ」と怒つてみせたけれど、裕明はそんな議論が出たとして、なんと答へるのだらうか。きつとカクテルを片手に「フフフ」と笑つたことだらう。あの笑窪には怒りもけつこう溜まりやすかつた。

なきひとにならひて坐る桃の花

これは最後の句集となつた『夜の客人』にある句。「なきひと」が平假名で書かれるあたりが裕明なんだよなと思ひつつ、僕たちからは少し遠いところで、爽波さんと竝んで贅澤な酒を酌み交はしてゐるであらう裕明君の、多辯な笑窪のことを思つてゐる。

裕明の變な句

仕事を遣す人といふのは大抵が、凡人には計り知れない得體の知れなさといふものを持つてゐるものだ。學校なんかでも、あいつ變はつてゐるよねと言はれてゐたやうな奴が、同窗會に出てみると意外にもいい仕事をしてゐたりする。

裕明のことを變な奴だよなと思つたことは、たびたびある。夙に知られた、宿のワゴン車を田圃に落つことしてしまつた湖北須賀谷の事件や、小澤實さんに、

ほととぎすひとりぷろれすほどけずよ

といふ句を後年作らせることとなつた前登志夫邸一人プロレス事件などは確かに裕明の面目躍如であつたし、他にも例へば高校三年三學期、句會に出現事件なんていふのもある。裕明は、北野高校から京都大學へ現役で進學した秀才ではあるけれど、受驗を半月後に控へた二月の句會、「もう、今回は來るな」と嚴命してゐたにもかかはらず、吟行集合場所である阪急大山崎驛の改札口にちやつかり現はれたのだつた。こちらが驚いてみせても、「でも、冬休みに友達とキャンプにも行きましたし」と平然としてゐる。これつてやはり一般感覺ではない。

さう。田中裕明は、變な奴なのだ。變な奴には當然變な句がある。全句集の栞で《ここに岡本太郎のオブジェ三尺寝》を推奬しておいた。全句集でその靄然たる裕明の世界に醉つている最中に、ぷつと吹

き出したくなる句を發見するのは實に愉快なことである。たとへばこんなのはどうか。『花間一壷』より。

夏わらびここに眠りて日暮まで

「夏わらび」と「ここ」の關係はどうなつてゐるのか、眠つてゐたのは誰だ、はては「日暮まで」も眠つたら夜寢られなくなるぞ、とかと考へ始めると、どうにも變な句なのだ（「夏わらび」は大いなる背景なのだと讀むのが穩當だけれど、蕨の長けた山に入つて眠り込んだかとも取れるわけで、怪しい景が頭を擡げてくることとなる）。

『花間一壷』には、

冬山に土龍の齡たづねけり

といふ壯大な句もあつて、（この句の場合の「に」がまた、微妙な助詞なのだけれど）冬山と語り合ふことの出來る裕明が、土龍ごときの年齡などといふ些細なことを氣にしてゐる圖はやはり變だし、そもそも土龍の「齡」つていつたい何なのか。

ただ、この冬山は眠つてゐたらしく、返事を貰へなかつたのであらう。裕明は後年、

冬ぬくし土龍の穴に語りかけ

と『先生から手紙』で詠み、今度は土龍に直接聞くべく努力をしてゐる。まあ、「穴」にしか語り掛けられなかつたのだから、結局返事は貰へず終ひであつたのだらうが。

以前、誤植ではないかと「全句集」と句集初版を見比べたことのある變な句を見せようか。『夜の客人』より。

八月やわが砂肝のよわからむ

すでに發症後の句だし、「よわからむ」などと言はれると精神的に追ひ込まれてゐたころの句かとも思ふけれど、なぜここで「砂肝」なのだらう。肝つ玉の小ささや肝臓の弱さを言つてゐるのではない。あの焼鳥屋のこりこりと旨い「砂肝」が裕明の身の内にあつたとでも言ふのだらうか。何かの比喩を狙つたとしても變なのだ。

有季定型との葛藤の跡を人に見せることのなかつたその抜群の親和力は、初期から「老成」と恐れられてゐた。それは昭和三十年以降生まれの有季派俳人たちの典型の姿であり、昨今の若い俳人たちに見られる有季定型受容の態度に重なる部分もある。その意味で先驅者だつた。

また、爽波さんの「抱え込んでいる時空は大変に広く奥の深いことだけは確か」とか、實さんの「言葉が静謐でありながら、命が籠もっている。挨拶の匂い」とか、僕たちは裕明の俳句を讀み解く的確な言葉の數々をすでにたくさん持つてゐるのだけれど、裕明の變な俳句たちのことを考へてゐると、それでも摑みきれない長閑さを感じるのだ。

裕明を愛した神は、詩を突き抜けた「俳句の」神であつた。

洛 中 や こ ご み に 出 会 ふ 油 揚　　『夜の客人』

あとがき

今まで書き散らかしてきた文章から摘まみ上げて、一冊にしてみた。初の單行散文集である。文中、信州佐久の話題がときどき出てくる。現住所の武庫之荘に引越してくる前、一九百九十九年春から一昨年二千十五年春までの十六年間お世話になつた、思ひ出の詰まつた土地であり、今も里俳句會の一中心である。俳人たらんとする覺悟を決めた場と言うても過言ではない。

佐久へ引越してから、「肘」といふB４ペラ一枚表裏の月刊個人紙を出し始め、そこに俳壇の諸問題を思ふままに書くやうになつたのが、僕の散文の始まりと言うてよいのではないかと思ふ。さいはひにもそれが當時の「俳句」編集長海野謙四郎氏の目に止まり、二千一年の一年間「俳句」誌上で「現代俳句月評」を連載させて頂いた。四十四歳であつた。この連載に附した「こだわれば俳句」といふ通しタイトルは、今の僕の俳句へ向かふ姿勢にとつて大切な記念である。ただ、その頃の文章を今讀み返すと實に攻撃的なものが多く、今囘は當時のほとんどの散文の掲載を見合はせることとした。お藏入りといふことである。その頃、宇多喜代子さんに「喧嘩は五十歳までだよ」と言はれた事を強く覺えてゐる。「肘」は「里俳句會通信」を經て「里」へと進み、「里」は百七十號に迫らうとしてゐる。

さて、過去二冊の句集同様、また自らの本屋から出すことを許されたい。なほ、正字、正假名で組み、讀者諸氏にご迷惑かとは思ふが、僕のささやかな庶民の抵抗、俳であり、これも滑稽。ご寛恕を乞ふ。ところで、今朝目覺めると、還暦の屠蘇が待つてゐた。僕の仕事に定年退職はなささうだから、この一冊から見えてくるであらう次の仕事へ、氣を引き締め直さなくてはならんのだらう。宜しく。

二千十七年 元日

穭菴にて 島田牙城

初出等記錄

講演録　芭蕉と現代俳句　「里」二千十四年十一月號

　二千十四年十月十一日、長野縣千曲市の姨捨観光會館內、さらしなおばすて文學館に於ける「第31回さらしなおばすて観月祭　2014さらしな・おばすて文學講座」の講演内容である。

有季俳句は雜歌だといふこと　「里」二千十四年一月號

文語なのか慣用表現なのか　「里」二千十六年七月號

假名遣ひのこと　高山れおな氏の時評に觸發されて　「里」二千十年六月號

　「週刊俳句」（二千十年七月十八日）に加筆轉載。

峠の文化としての春夏秋冬　あるいは、「ずれ」といふ誤解について　「里」二千十二年三月號（實質同年八月十五日發行）

　「週刊俳句」第二百七十八號（二千十二年八月十二日）に「『俳句』二千十二年八月號『緊急座談會』讀後緊急報告『輸入品の二十四節氣とはずれがある』は間違ひだ！」のタイトルでいち早く轉載。

　その後、一般財團法人日本氣象協會編『季節のことば』（二千十四年五月）に全文書影轉載。

　なお、「補遺」は「里」二千十二年四月號（實質八月三十日發行）に「二十四節氣考　補足説明」として掲載。

『青々歳時記』を讀む

一、新季語「桃柳」立項のこと　「里」二千十四年三月號（文末の「後日譚」は書きおろしである）

二、「清明」の句から見えてくること　「里」二千十四年四月號

三、佛生会は春か夏か　「里」二千十四年五月號

四、季語の重層のこと　「里」二千十四年十月號

五、幻に挑む青々　「里」二千十四年十二月號

新季語提言　ゆきあひ考　「里俳句會通信」二千二年九月號
つくつく法師のこと　「里」二千十年八月號
税としての高濱虛子　「ホトトギス」の功罪　「―俳句空間―豈」四十一號（二千五年九月）『特集　祝ホトトギス一三〇〇號記念／その功罪」
中西其十發見　大阪俳句史研究會の紀要「俳句史研究」第二十一號（平成二十六年八月）
　原文については本書百六十ページを參照されたい。なお、同內容について、二千十二年十月二十六日、柿衞文庫における大阪俳句史研究會例會にて講演してゐる。
計らはない　歿後十四年の爽波論（附　爽波百句撰）「澤」二千五年六月號「特集　大正十五年前後生まれの俳人」
講演錄　波多野爽波の矜恃　「里」二千十六年二月號（實質同年五月十三日發行）ならびに、
　大阪俳句史研究會の紀要「俳句史研究」第二十三號（平成二十八年八月）
　なお、同年四月三十日、柿衞文庫における大阪俳句史研究會例會に於ける講演內容である。
のやうなもの〈間〉の美學　田中裕明讃「俳句空間」第二十三號（千九百九十三年六月・休刊記念號）「特集　現代俳句の可能性―戰後生まれの代表作家―」
龜が哭いた「俳句」二千五年四月號「追悼　田中裕明」
挨拶ごころのことなど　田中裕明出座歌仙紹介　「澤」二千八年七月號「特集　田中裕明」
裕明の笑窪『田中裕明全句集』栞（二千七年七月　ふらんす堂）原題は「裕明のこと」
裕明の變な句「靜かな場所」第五號（二千十年十月）

採錄に當たり、全ての散文に手を加へた。また、正字（本字を含む）・正假名（歷史假名遣ひ）に統一したが、引用句、引用文に於いてはその限りではなく、漢字書體は一部、使用フォントの制約を受けてゐる。

島田牙城 しまだ がじやう
千九百五十七年二月九日京都生まれ
月刊俳句同人誌「里」代表
邑書林代表
句集 『袖珍抄』(第一回雪梁舎俳句大賞)『誤植』他
共著 『第一句集を語る』
現住所 661-0033 兵庫縣尼崎市南武庫之荘 3-32-1-201

俳句《はいく》の背骨《せぼね》
著者……………島田牙城
發行日…………二千十七年二月九日(平成丁酉歳睦月二日)
發行人…………黃土眠兎
版元……………邑書林《ゆうしょりん》
661-0033
兵庫縣尼崎市南武庫之荘 3-32-1-201
Tel 06-6423-7819
Fax 06-6423-7818
URL http://youshorinshop.com/
mail younohon@fancy.ocn.ne.jp
郵便振替 00100-3-55832
印刷・製本所……モリモト印刷株式會社(久保匡志)
用紙……………株式會社三村洋紙店(佐久間徹)
定價……………本體二千圓プラス税

ISBN978-4-89709-780-0 C0095 ¥2000

―邑書林の俳書―

日野草城著
新月
発掘！　俳人の長編青春小説
「馬酔木」昭和七年一月号から一年間連載
俳人・草城が描く大正ロマン。旧制高校生と茶寮の女給の恋愛を赤裸裸に描いた自伝的長編。
新書判上製　千八百四十五円　4-946407-12-X

島田牙城句集
誤植
雪梁舎俳句大賞を得た前句集より十一年
〈俳の人〉たる歩みに肝を据え、その真価を問うた最新三百三十三句
今、一層の雪月花！　間一髪の俳句集！
A5変並製　二千円　978-4-89709-680-3

編著＝小林千史・柴田千晶・山田露結
榮猿丸・冨田拓也
再読　波多野爽波
読み継がれる俳人①
俳句からありとあらゆる鎧を剥ぎ取った男がいた。
「精選爽波400句」「爽波25句深耕」「波多野爽波論」他
必修俳句実践法「俳句スポーツ説」「枚方から」収載
四六並製　二千二百円　978-4-89709-728-2

岩淵喜代子著　俳人協会評論賞
二冊の「鹿火屋」
原石鼎の憧憬
神話に遊んだ石鼎のまこと
昭和の石鼎の真実に迫る真迫の考証、ついに成る。
石鼎にのみ見せるために造本された「鹿火屋」発見
鼎談＝寺本喜徳・土岐光一・岩淵喜代子　併録
四六上製　二千八百円　978-4-89709-769-5

俳は音としては敗や廢などに通じ、何ともどちらも寂しげである。肺といふのもあるけれど、これとて普段は忘れられてゐて、煙草だとかアスベストだとかで騒がれるほどの臓物だ。働いても働いても省みられない肺としてはたぶん、日々寂しいことであらう。ことほどさやうに、いつもは捨て置かれてゐる「ハイ」の數々、いや捨てることそのものの排なんてのもある。同じ音を持つといふことは、同じ感覺がその裏に通つてゐるのだらう。と、まあ、ここまでは中國語音の「ハイ」のはなし。待てよ、中國語音で、もう一つおなじみの「ハイ」に、背がある。うん、極め付きに後ろ向きだな。

では和音で「はい」といふと何になるのだらう。あるある、灰《はひ》。ほらやつぱり、燃え滓、役になんか立ちやしない、せいぜい線香を立てるときや火鉢の中に敷かれる程度である。蕨の灰汁抜きに使ふつて、それとて主役の裏方であり、舞臺に登場できる脇役やちよい役ですらない。

そして、漢字の當てられない和語としての「はい」。これは從順なるお返事ですね。調べてみると感動詞とある。でも、感動しながら「はい」と返事することは少ないし、そも